# 億稼ぐネット通販の教科書

杉本幸雄

1年目から失敗しない7つのルール

自由国民社

# はじめに

業界不問、今の立場や状況も関係ない！
ドカーンと、人生を逆転できる、それが「ネット通販」。
中小企業も個人も、一発逆転の大いなる可能性があります。
何を売るかは「あとで」じっくり考えるのが成功への秘訣です。

ただし、他著やネット上に溢れている「誰でも」「楽々」「片手間でもＯＫ」とは、私は決して考えていません。そんなことはあり得ません。

あなたが一発逆転の満塁ホームランをドカーンとぶっ放すためには、一つ、条件があります。

それは、**あなたが「本気である」**ということです。

本気であれば、やり抜くことができるからです。

ですから、本書は「今まではともかく、これからは、本気で自分の人生に取り組みたい」という人だけに読んでもらいたい、真っ向勝負のガチな本です。

**あなたの「今の状態」は全く関係ありません。**

私はかつて自信がない不安の〝かたまり〟でした。小学生の時の目標に「自信を持つ」と書いていたくらいですし、社会人になってからは、少なくとも10社以上に転職した、世間のモノサシで言うところのダメな人間でしたから。

アルバイトですら、なかなか続きませんでした。

体調を崩して、家に閉じこもり気味になったこともあります。

お金がなくて、キャッシングが続いた時期もありました。

あなたは今、中小企業のオーナー経営者でしょうか？　それとも起業家？　二代目？　農家？　医師？　芸能人？　サラリーマン？　主婦？　アルバイト？　無職？　学生？

……

**あなたは、今の状況を「これでよし！」と言える毎日を送っていますか？**

憂鬱で、モヤモヤ、イライラもあるかも知れません。

私は、経営者を対象としたコンサルティング業の他に、ＩＴ関連会社で従業員研修の講師も担っています。
何百人という中小企業の経営者さん、軽く1千人を超える従業員の人達と話していて解ったことがあります。
それは、**憂鬱やイライラの根本原因は「本当の意味での自立」をしていないことにある**ということを。

本当の自立とは、自分で考えて、自分で決めて、自分で行動している状態です。
これが自由です。
自分で決めていないから、今の自分の状況を潔く認められない、
だから、憂鬱なんです。不安やイライラを感じるのです。
お金の不満足、自由時間がない不満足、自分に対する漫然とした不満足。

さあ、そろそろ気持ちよく自分の状況を「これでよし！」と毎日認められるように、
**あなたの人生、一発逆転に挑戦してみませんか。**

インターネットという技術革新のメリットをあなたも、正しい選択をして実践すれば、十分に享受できます。

インターネットのメリットとは、ひと言で言うと、「小が大と闘える」「弱者が強者に勝ちうる」点です。

ネット上は、大企業も中小企業も個人も平等です。どんな立場のｗｅｂサイトも分け隔てなく同じように表示されます。口下手な人もテキストで上手に接客できます。立地という概念がなく、立派な建物も必要ありません。

私は、思うんです。「インターネットは弱者にこそ、有効な武器である」ということを。

インターネットがなければ、地方の飲食店や地味なパワースポットが全国的に有名になることはなかったでしょう。

私がかつて所属した会社では、従業員４人で年商10億円も売り上げていました。これはインターネット通販という手法がなかったらあり得ないパフォーマンスだったと確信しています。

私は、これまで25年間以上に渡って、「通販」に携わってきました。

従業員として、ネットショップのオーナーとして、コンサルタントとして。この「経験」が私の根拠であり、自信です。

これまで**通算2万回以上コンサル指導をして、110億円以上の売り上げをネット通販という手法を用いて、創ってきました。**

クライアントたちの人生は、大いに変わりました。

本当の意味で自立し、自由になり、良い気分で暮らしているでしょう。

本書を読むことで、あなたに私は次の状態が訪れることをお約束します。

**「ネット通販ビジネスで、億越えする」キッカケとなる、**

**・マインド**

**・ノウハウ**

**・ナレッジ**

**の根幹的要素を得ること。**

本書で最もページを割いたこと、繰り返し何度も出現する同じようなフレーズは**「マインド」**の要素です。

ネット通販ビジネスの成功者が集まると、決まって、細かなノウハウやテクニックの話題にはほとんどなりません。

それは、なぜか。

結局のところ、目標達成に向けた具体的な行動をする上での土台の部分は「マインド」、つまり、あなたの思考傾向や感情が、その後成功するか失敗するかに強く影響していると、彼らは知っていて、そこが最も重要だと理解しているからです。

現に、目標達成できないイマイチな人ほど、表面的なノウハウを欲しがり、思い込みや不安で判断ミスをして、失敗に至っています。

私は、普段のネット通販コンサルティングでも、クライアントに対して、ほとんどの時間をマインドセットや思い込みの外し方、感情コントロール法に費やします。

それは、あなたが、成功するために越えなくちゃいけない三つの「敵」に勝ち抜くためです。

三つの敵とは、

- **怠惰（面倒くささ）**
- **不安（ネガティブ思考）**
- **感情コントロール（一時的な気分での判断ミスの回避）**

お気付きでしょう。全てが「マインド」面なのです。

それほど、その他大勢から抜け出した少数派である成功者の側に行くためには、マインドセットが重要という訳です。

この三つの敵は難敵です。今の私でさえ、今もなお毎日、意識的に闘っています。

私にとって、最強の敵は「面倒くささ」です。毎日毎日、闘っています。

目標達成をして、欲しい成果を掴む人達には、「勇気」があります。あなたは、これまで勇気を持って、毎日闘ってきましたか。それとも、逃げたりごまかしたりして来ましたか。

第2章で紹介している事例、「ダメ会社員が独立開業して、ダイエットサプリを3億売った」、「過剰在庫にある魔法をかけて、コスメを1億売って、倒産寸前から再起した40代実業家」、「父の転勤先で見つけたコスメで1億売った20代女性」などでは、それまで未体験のことに対して、成果が一切保証されていない中、みなさん例外なく、勇気を原動力として、果敢に前に進みました。

その土台になっているのが、本書で紹介している**7つのルール**です。

本書を読んだだけでは、決して僭越えもしませんし、成功もしません。

欲しい成果をゲットするためには、読後のあなたの具体的な「根気ある動き」が決め手です。これが、私が言う〝ど根性〟です。

もし、あなたがこの本を「読むだけで、簡単に億万長者になれる」と期待したなら、それは大きな勘違いです。ぜひ、考えや意識を改めてほしいと私は切望します。簡単に、楽々と大きな目標を達成する人は、ビジネスの世界だけでなく、スポーツや芸能文化の世界でも聞いたことがありません。

〝なんだ、この本は使えない！　ガッカリだ〟という方は、今すぐ、本書を閉じていただいて書棚に戻していただくか、購入後ならBOOK OFFなどの中古書店に、売りに行ってください。

ただ、本気で頑張って、決意を新たにしたというのなら、次は「あなた」の番です。怠惰、不安、一時的な感情に打ち勝って、ネット通販ビジネスで億越えし、ビジネスも人生も一発逆転させせましょう。

そして、成功だけでなく、幸せを手に入れてください。

正しいマインドセットさえできれば、時間と共に変化していくノウハウやテクニック、ナレッジの部分は、自動的に吸収できるようになります。

その他大勢から抜け出して、気分のいい毎日を作ってください。

応援します。

# 目次

## 第4章　1年目に身に付けておきたい「お金と時間」の使い方　101

## 集客編 172

## 第6章 成功を2年目以降も持続させるための「会計と法律」知識 

# 第7章 今がスタート地点。本書を読んだだけでは、絶対に成功しない！ 233

# 第1章

# 一人で始めて、億稼げるビジネス、それが「ネット通販」

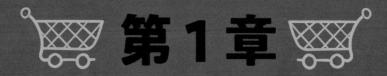

# ルール★1

# 弱者でも、人生逆転できるのがネット通販というビジネスモデル。成功するためには、いい「流れ」に乗ってみること

## ネット通販の最大の魅力、売上高が無限、青天井という限界知らず

ネットショップではなく、建物が実在するリアル店舗を思い浮かべてください。スーパー、飲食店、美容院、電器店、クリニックや歯医者もです。

リアル店舗には、営業時間があり、接客をする人が実際にいます。この実態が、売上高に限界、天井をあらかじめ設けてしまっています。

例えば、飲食店であれば、営業時間と席の数で最大売上高が見込めてしまいますし、美容院であれば、美容師の人数と席数、そして営業時間で、クリニックであれば医師の人数と診療時間で、ある程度の売上の限界を計算できてしまいます。

リアル店舗で売上高を飛躍させようと思うと、やり方はただ二つ。客単価アップと多店舗展開。客単価を劇的に引き上げることは事実上、無理です。集客もままならない状況下で客単価を2倍、3倍にするなんて絵に描いた餅。そして、二つ目の多店舗展開というやり方ですが、これは初期投資が半端ではなく多額ですから、誰にでもすぐにできるというやり方ではありません。

一方、ネット通販ショップでのビジネスは、営業時間は３６５日24時間無休ですし、スタッフの人数に関わらず、売上は無限大です。

強いて言うなら、サーバーが耐えられなくなった時が受注の限界です。しかしながら、いまだかつて、そういったことは全世界中で起きていません。

私のクライアントのネットショップでは、クリスマスシーズンになると、「1秒毎数千円」の注文が入ってくるというお店もありますが、これがリアル店舗なら対応しきれなく、自ずと、売上に限界を作ってしまいます。

ネット通販ビジネスは、売上高の可能性が無限です。とても魅力的です。新たにネット通販ビジネスに参入する中小企業や起業家の一番の動機が、この点になっています。頑張っても限界が来るのがリアル店舗、頑張れば頑張っただけ、無限の可能性があるのがネット通販なのです。

## ▼ネット通販の市場規模—20年間連続、右肩上がりのマーケット

あなたやあなたの家族が携わっている業界の市場動向はどうですか。成長傾向でしょうか、それとも衰退傾向にあるでしょうか。

好調と言われている業界であっても、もう二桁成長はほとんど見込めない飽和状態にあるマーケットが多いでしょう。また人材の確保も困難なのではないでしょうか。

ネット通販市場の動向は、もう20年間以上ずっと右肩上がりです。左のグラフは、経

# EC市場の動向

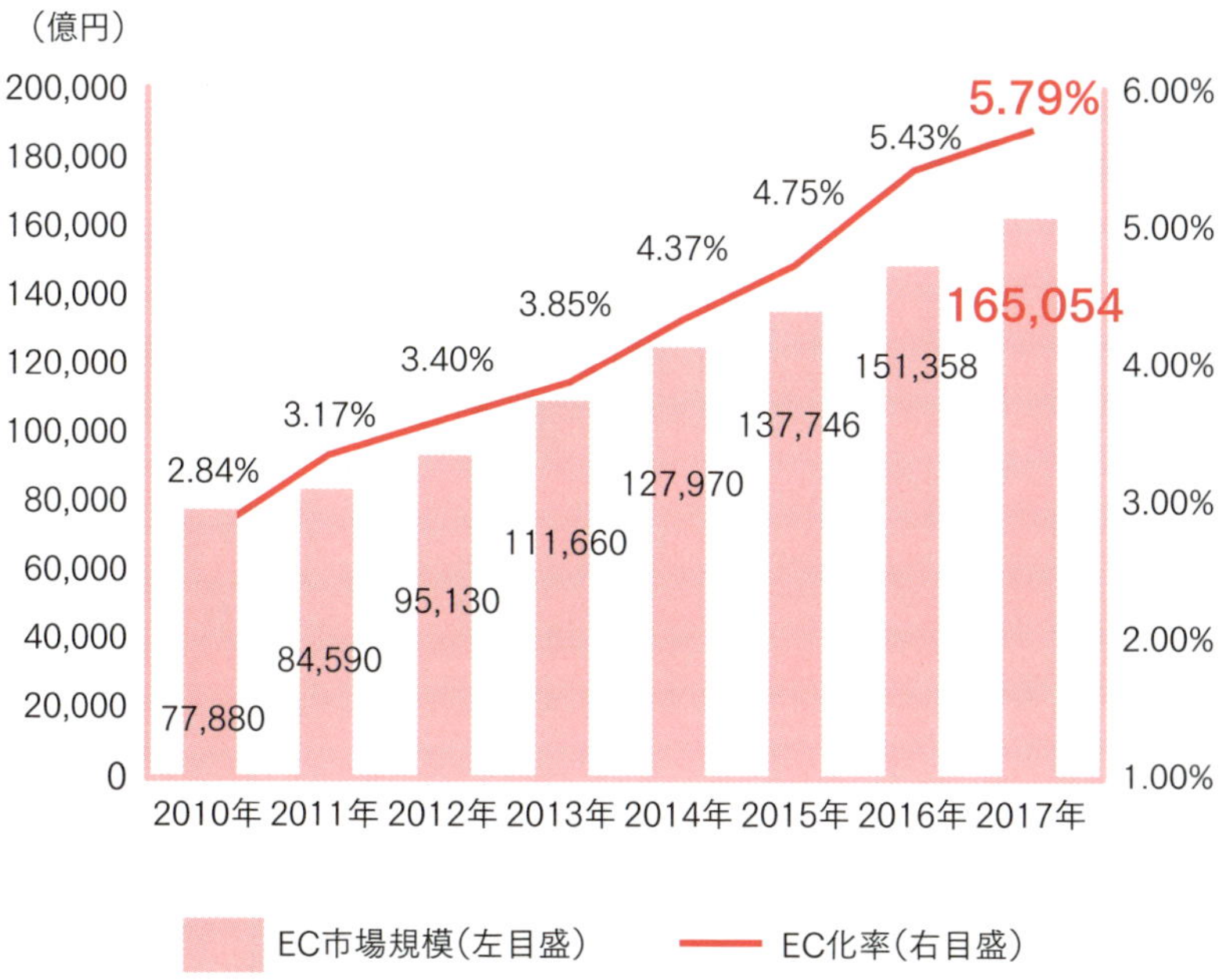


（出典：経済産業省ホームページ）

済産業省の調査によるもので、２０１０年からのものです。

直近の数字は、ネット通販（B to C）は16・5兆円、他のコンビニ市場10兆円、スーパーマーケット13兆円、デパート業界6兆円となっています。

そして、ネット通販マーケットが、これから先も必ず問題なく伸びていくかは、当然、私にも確実なところは分かりませんが、少なくとも伸長率が圧縮されたとしても伸びていくと考えるのが自然でしょう。もし、この先ネット通販の市場規模が伸び悩むとしたら、それは政治的な要因か、今は誰も考えられないレベルの技術革新や価値観の変貌が起こって、物を買わなくなる、物が必要でなくなるといった超未来的な状態になった時くらいだと私は考えています。だから私はこの先も、成長し続ける市場だと確信しています。

あなたが一発逆転して成功を掴むためには、この**「いい流れに乗る」**ことが必要ではないでしょうか。

## ▼ネット通販の人材―最初は担当者一人、別業務兼務でＯＫ！

はじめて、ネット通販ビジネスに参入しようという場合、個人の方はもちろん会社の新規事業としてスタートする時も、最初、担当者は「一人」で構いません。

むしろ、決定権を持っている一人で始める方が進行も早く、ムダがなくていいです。最初やるべきこととは、〝誰のためにどんな役に立とうとするショップなのか〟の「コンセプト」を決めることや事業計画を立案する超重要な、言わば「準備of 準備」。経験上、**月商で100万円までなら、集客や梱包、事務作業もしても、問題なく一人でできます。**

著書『ウォールデン 森の生活』（小学館）で有名なアメリカの哲学者ヘンリー・デイビッド・ソローの言葉を紹介します。「一人でいく人はいますぐにでも出発できるが、他人と一緒に旅する人は他人が準備するまで待たなくてはならない」

仮に、二人以上で始めるという時には、必ず決定権者を定めておいて、関係性においては上下関係のピラミッドを作っておくことをお勧めします。責任と負担の範囲を明確にしておかなければ、みんなが他人事とする無責任が蔓延《はびこ》ったり、自己主張の堂々巡りが起こって、スムーズに進行しなくなってしまいますから。

## ▼ネット通販のオフィスーPC一台でできる！

ネット通販ビジネスを始めるのはパソコン一台あれば始められます。

もちろん、自宅で問題ありませんし、今の仕事場でも始められるでしょう。

スマホ一台でも始められるというフレーズも世の中にはありますが、「億越え」というレベルなら、無理です。パソコンで行う業務は、集客活動の他にwebサイト管理、受注処理、売上管理、商品管理、カスタマー管理などです。

## ▼ネット通販の業務―最初は1日3時間の投資で構わない

ネット通販ビジネスで一番時間がかかるのは、梱包作業です。

大量の注文が舞い込むまでは、他の業務と兼務しながら、一日3時間、真剣にきちんと取り組んでいれば、事は順調に進んでいきます。ただし、これは気まぐれの3時間という意味ではありません。〝毎日死守する〟3時間という意味です。

**毎日、通販に関する仕事を〝最優先で〟行う3時間を定めてください。**

この間は、来客も受けない、電話にも出ない、会議や打ち合わせも入れない、そういう毎日の積み重ねです。**空いた時間にやる、という考え方は、つまり片手間でやるということですが、それではダメです。**

通販成功の秘訣は、根気です。根気とは、私のキーワード「ど根性」と同義です。

## ▼ネット通販の開業―保証金、内装費用、原状回復も不要

ネット通販ビジネスをはじめようという時、事情さえ許せば自宅でも、今の仕事場でもＰＣ１台あれば、スタートできます。ですから、リアル店舗を開業する時必要な不動産賃貸時の多額な保証金（都心だと10カ月分という物件も）や数百万円かかる内装費用、備品や什器、その他の工事代金も不要となります。

また商売がうまくいかなくて閉店する時、ネットショップであれば、切ない原状回復費用も当然必要ありません。ネット通販ショップ開業は、リアル店舗のビジネスと比べて初期費用に大変大きなメリットがあるのです。

私は自分が常連客であった中華料理店やカフェ、インドレストラン、バー、クリニック、歯科医院、整骨院などで、ちょっとした日常会話から「もう一店舗リアル店舗を出す考えなら、初期費用が少ないネットショップを検討してはどうか」と助言し、彼らは、もう一つ〝億単位の売上げの柱〟を作ることを目標に、ネット通販ビジネスに新規参入していきました。

リアル店舗出店で１千万円以上（クリニックや歯科医院なら５千万円以上とも）の初期費用、ネットショップなら何分の一かで始められる、その上、売上高の限界がない。ネット通販に参入している有名ブランドも、ここを魅力と考えたのかも知れません。

## ▼ネット通販はストレスフリー――消費者直販だから自由自在（価格、利益、主導権）

私は、東京ビッグサイトでの見本市と、阪急デパートや高島屋などの百貨店で開催されている、いわゆる物産展に足を運んで、モノ作りを自ら行っている中小企業の経営者や、農産加工品の事業主の方に対して、積極的に、ネット通販ビジネスへの参入を提案してきました。理由は明確です。「メーカーが一番〝得〟をするべきだから」です。

私は、かつて会社員としてメーカーにも勤務していました。そこで憤りに近い疑問を感じていました。「大手販売店は（商品を並べるだけで）何にもしていないのではないか!?」です。大手販売店は、当然、製造者としての責任を法律的には負っていません。なのに、企画開発と製造で手間暇をかけ、在庫リスクと法的リスクを背負っている作り手（メーカー）に対して、「仕入れてやろう」と態度が高圧的。納入価格を値切ったり、販促ツールや販売スタッフの無償支給まで要望してくる習慣を目のあたりにして、メーカーは、販売店や卸売り業者に頼りきりになっていてはいけない。いつか共倒れすることにもなりかねないと考えるようになっていました。

製造物責任を負っていて、作り手として最も製品に詳しく、愛情を注いでいるメーカーが「一番得するべきで、製品に対して価格設定も売り方も自由であるべき」というのは私の考え。これを伝えて、多くの作り手に対して、消費者直販であるネット通販への参入を促してきました。消費者直販は、あらゆる面で販売者が主導権を握れます。価格設定は値上げも値下げも自由です。キャンペーンやセールにも根回しは不要、自由自在なのが消費者と直接取引するネット通販です。また、ネット通販の具体的なメリットの大きな一つに、「顧客リスト」を入手できることがあります。自社の商品を買ってくれた人の氏名、住所、電話番号、そして性別や生年月日なども獲得できれば、一度購入してくれた商品のリピート購入や定期購入の営業をメルマガやDMなどでできますし、次の新商品の販売にもつなぐことが可能です。問屋や販売店に卸しているばかりでは、利益率が圧縮され、無用なコミュニケーションによるストレスがかかる上に、新しい将来を創るための顧客リスト一つ入手できない。インターネットやスマホの普及で、卸売業や代理店という形式はどんどん変化していっています。

まだ、消費者直販のネット通販ビジネスをされていないあなた、今まで通りで安泰ですか？　今までの延長線上に、明るい未来はあるのでしょうか。中小企業庁は、白書で中小企業の倒産の原因を整理して発表しています。それによると、倒産の原因（2016年）は、1位が販売不振、2位は既往のしわ寄せ、となっています。既往のしわ寄せとは、長年続いた問題点を放置したことによるもの、1位の販売不振も、売上げが減少傾向になった時点で、何か有効な対策を講じて乗り切るべきところをそうはできなかったということ。あなたは、今まで通りで問題ないと考えていますか。

## ▼ネット通販、東京以外でも──世界に拡がるメガ商圏

ネットショップには、「立地」という概念がありません。

あなたがネット通販をはじめる場所が東京の一等地であっても、地方の山村や離島であっても、集客にはほとんど関係ありません。インターネットは弱者の味方をします。

もしあなたがネットショップを開店したとすると、全世界のパソコン、スマホに、あなたのネットショップは、表示されます。同じパソコンやスマホで、アップルストアやディズニーストアのショップも〝同様に〟表示されます。ネットショップの運営会社の所在地が銀座であろうと、岐阜県の山間であろと、瀬戸内の島でも、アメリカやインドであろうと、基本的には何の差異もなく表示されます。また、運営者の資本金が1円であろうが1兆円であっても、差異なく設定どおりに表示され、アクセス者はいずれも簡単に、ネットショップにアクセス（閲覧）することが可能です。

リアル店舗では、通常、地域や業種によって、「距離」による商圏、買いに来てくれる人が所在している範囲が想定されますが、ネットショップにはこの概念がありません。ショッピングサイトに記載されている言語を顧客がわかって、決済や物流が問題なければ、あなたのネットショップの商圏は全世界です。もの凄いメガトン級のマーケットなんです。そうではなくても、少なくとも日本全国には間違いなく、買ってもらえる可能

性が拡大します。

年間流通売上げが約４兆円の楽天市場の、２０１８年の年間総合ランキングが発表されています。（全約５万ショップ）その出店ショップの運営会社所在地は、次の通りです。

１位　岐阜県
２位　福岡県
３位　東京都
４位　大阪府、５位　東京都、６位　広島県、７位　千葉県、８位　愛知県、９位　東京都、10位　沖縄県

ご覧いただいて、どのように感じられたでしょうか。リアル店舗の売上ランキングなら、トップが、岐阜県のショップになることは通常はナイことでしょう。また、県民所得47位の沖縄県のショップが10位ということも、ネットショップの本社はどこでもＯＫと示しているのではないでしょうか。東京以外の地方の方にも、とても希望が持てるランキングになっていますね。

## ▼ネット通販の営業時間――寝ている間も稼げる、24時間365日、どこにいても

リアル店舗は、「同期性」が必須です。どういうことかと言うと、当たり前のことですが、顧客とショップは〝同時に同じ場所〟でないといけない、という意味です。同時に、居合わせないと売買できないということ。朝9時オープンのお店に、8時に顧客が来店してもお買い物も、質問もできない。また、営業時間中に店員が何人で待ち構えようとも、顧客の来店が閉店後であれば売り上げは得られないということ。この点、ネットショップは「非同期性」が特徴ですし、何か特別な事情がない限り、休業時間（注文を受け付けない時間帯）はありません。非同期性は、同時でなくて大丈夫という特徴を意味しています。ネットショップの店員が、四六時中パソコンの前に張り付いている必要は、チャットサービスを提供するなどの場合を除いてありません。顧客は、24時間365日注文できますし、質問や相談をメールやバイバー、LINEで送っておくことが可能です。店員は、自らが決めた勤務時間内に、受注情報を処理したり、顧客からのメールやメッセージに返信することができます。

夏のある夜中にあった出来事です。私のクライアントの女性社長からいつもとは全く異なったハイテンションで電話がかかってきました。興味深く耳を傾けると、夏休み中のハワイからと言う。彼女へのコンサルティングはちょうど半年くらい前から。それまで

彼女は自身が経営するエステティックサロンで、来る日も来る日もエステティシャンとして、お客様に施術を行っていましたが、近隣のサロンと価格競争が激しく、忙しいばかりで利益が少なく、体力的にも精神的にも疲弊していました。縁あって、コンサル指導させていただき、ダイエットサプリのネット通販をスタート。鳴かず飛ばずの日々が続いたものの彼女は、目標達成のためにコツコツ頑張って、フロント商品（入口商品）の販売が少しずつ軌道に乗ってきたタイミングで、５日間だけ妹さんにネットショップの管理を任せて、ハワイでバカンス。ハワイのホテルで、ネットショップの管理ページをいつものように気軽に確認したところ、信じられない、アンビリバボーな大量のバックエンド商品の注文が入っていて、その日だけの売上げが、それまで半年間の売上げを遥かに超えていたから、とっても興奮して報告の電話をしてくれたという訳です。

「先生、先生！　**こういうことなんですね。ネット通販って！　寝ている間もハワイにいたって、売り上がってるって素敵です。**私、これからも頑張ります」と言ってくれました。ちなみに、その日の売り上げは、約５００万円ほどです。

## ▼ネット通販は景気に影響されず一人勝ちできる

まず「景気変動」は、必ず起こっています。それもおよそ10年間隔という短いスパンで変動しているのが事実です。

次ページのグラフは、内閣府発表の国民所得の推移を示しています。数年間おきに、上下変動しているのが解りますね。ですから、いつもいつも「景気が悪いな」と言っている人は、謙遜しているか、自分の力量のなさを景気のせいに転嫁しているか、あるいはマスコミからのそういう流布に思い込まされているだけなのです。ネット通販マーケットが誕生したのは、２０００年より少し前ですが、このグラフの動きとは相似となっていなく、ずーっと右肩上がりです。

もちろん、全てのショップがそうなっている訳ではありませんが、全体としては成長を続けています。では、本項のタイトルとしている「ネット通販は景気に影響されず一人勝ちできる」の意味は、どういう意味かと言うと、ネット通販は全国を商圏としています。そこで、あなたのオリジナリティ溢れる個性的な商品を販売することで、「ファン」が付きます。そうすると、ファンに定期的に購入を続けてもらうことで、リアル店舗のようにダイレクトに景気の影響を受けずに済むという現象が生じます。ですから、社会全体での不況の影響を受けないで、あなたのネットショップだけ涼しい顔をしてい

## GDP成長率の推移 全国
（実質GDP前年比増減率）

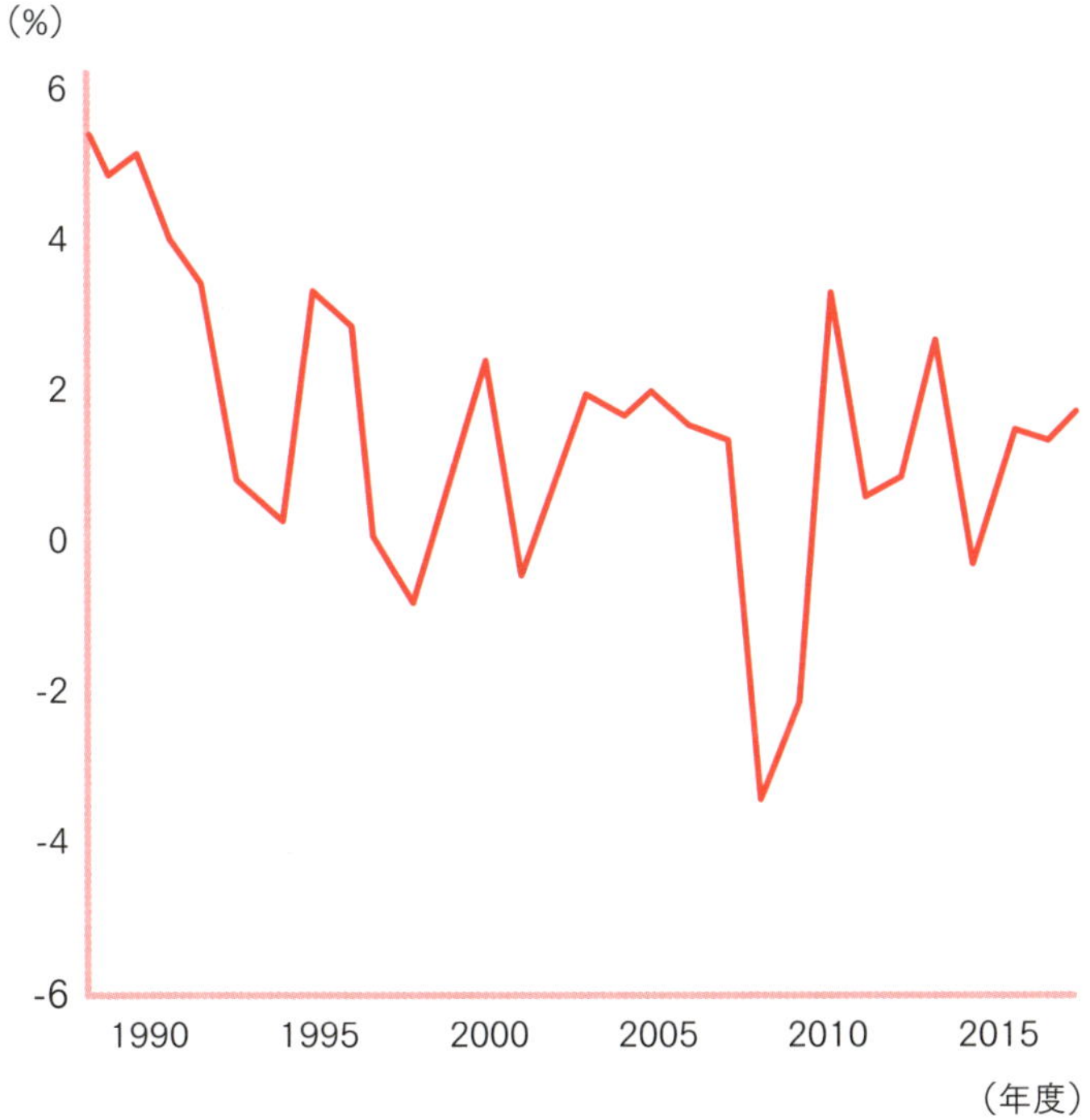


（出典：内閣府「国民所得総計」）

るには、あなたはあなたのショップの「強いファン」をいかに多く創出するかがポイントになるのです。

今、あなたがもし自分の実情を「景気のせい」「政治のせい」にしているなら、それは自立していないからでしょう。自ら考えて自らの責任で行動する主体性があれば、たとえ困難であっても、乗り切れることが多いと私は自らの経験上で、そう想っています。景気のせいにするなんて、格好良くないですよね。

## ▼ネット通販は消費者もハッピー！　買い物の選択肢が無限

あなたは、月に何回くらいネット注文をしていますか。本、洋服、食品、化粧品、医薬品、家電や雑貨、チケットなどなら日常的に買い物する頻度が高いのではないでしょうか。ポチっとして、翌日届くなんて本当に便利。「ネット通販」という買い物の仕方は、消費者にとって、本当に便利なパラダイスです。ほんの20年前までは、自力で移動できる範囲でしかショッピングできなかったですよね。地方からのお取り寄せもなかったし、本や家電、食料品が当日のうちに自宅に居ながらにして、受け取れるなんてことは誰も想像できなかった状況です。今や、老若男女問わず「スマホ」は、自分の前線基地です。気になる物があれば、どこにいても、すぐにググって（＝Googleで検索すること)、注文すれば、宅配される。

私は、コンサル指導でクライアントに向かって、時折「あなた、ケチですね」と問いかけることがあります。どういうことかと言うと、「あなたの素晴らしい商品やサービスを、インターネットで発信して、全国の人に知らせないのは〝ケチ〟です。あなたの素敵な商品を世間に知らせないことは、罪なことだと思ってほしい」と。だって、それは、その商品と出会うことができれば、便利になったり、不快を解消できたり、心地よくなれる可能性があるからです。ネット通販は、消費者にとって、手軽に全国どこからでもお買い物ができるハッピーな業態です。販売者にとっても、参入障壁が低くて手軽に進出できるのがネット通販ビジネスです。

あなたの商品で、日本全国の人々をハッピーにしてあげてほしいです。そうすると、自ずと収益は上がっているものです。

## ▼【重要】注意　ネット通販ビジネス新規参入者の大半6割は負け組、その理由は？

リアル店舗とは比較にならないくらい低コストで進出できるのが、ネット通販ビジネス。それだけに、何の持ち物も作戦も持たないで、安易に新規参入する人達が後を絶ちません。とても、寂しい末路、つまり閉店や倒産に追い込まれているショップや企業が少なくありません。「ネット通販」というと、なぜか不思議ですが、〝特別な思い込み〟をしている人がいます。そういう人達が、うまくいかなくて失敗しています。

特別な思い込みとは「ネットショップを開業しさえすれば、そこそこ注文が来るはず」「ネットビジネスは、片手間で、楽勝でしょう」という類いです。そして、リアル店舗でなら当然行う〝事前準備〟を怠って、無謀にも販売スタートして、「こんなはずじゃなかった……」という心境に至ります。

私が楽天市場のある関係者に聴いた話ですが、「出店者の6割が月商30万円以下」というのが実状です。私へのコンサル依頼が絶えないのは、その証拠の一つかも知れません。負け組になるのは簡単です。作戦もなく、食糧も持たず、武器もないまま戦いに行けばいいだけです。ネット販売をスタートして、3年後に億越えしていく勝ち組は、実に用意周到です。マーケティングをしてから販売をスタートします。マーケティングとは、「買ってもらいやすい、売れやすい状況を作っておくこと」です。魚を獲ろうという時にも、やり方は色々あります。例えば、マグロを獲る時と、メダカを取る時で想像してみてください。「道具」「場所」「餌」「人材」「費用」全てが異なります。勝ち組は、用意をちゃんと整えてから販売を始めます。ターゲティング、プライシング、デザイン、ブランディング、セールスメッセージ、集客活動、ｗｅｂサイト、決済方法、梱包方法……そして、もちろん資金計画もです。

私がコンサル指導している時、販売がスタートされたら目標達成まで7割は終わっています。それほど、段取りは重要なのです。「段取り八分」とまでは言い切れませんが、あなたが億越えするかどうかは、段取り次第ということは間違いないでしょう。

あなたは、これでも見切り発車、したいですか。

# 第２章

# 個人や
# 中小企業で、
# 億稼いだ成功事例
# ７選（プラス
# 失敗事例３）

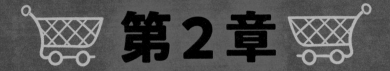

# ルール★2

あなたも、本気であれば
「僭越えの仲間入り」ができる！
ただし、それは魂からの本当の
本気であって、とりあえず取り繕った
ニセモノの本気のことではない

# ７つの「成功事例」

## ▼アメリカ輸入のコスメで20億売った帰国子女

30代の男性の方です。彼はアメリカの普通レベルの大学を卒業してから、日本で会社員をしていましたが長続きせず、退職して、しばらくの間、投資をして細やかな生活費を稼いでいました。彼は、アメリカと日本の行き来を繰り返していて、ある事に気付きました。「アメリカで流行っているもので、日本に入って来ていないものは結構多い感じ。何か日本に持ってきたら、売れるモノもあるはずだ」と。

そして、彼はスニーカーやキッチン用品を日本に持ってきては、街の量販店などに営業して回っていました。そんなことを根気強く、繰り返していた、ある日、日本の法律では化粧品に分類されるマウスウォッシュと出会い、自社でコツコツとネット販売を始めました。すると、他人にはなかなか相談しにくく、店頭でも買いにくい「口臭予防」という訴求点のこの商品はリピーターが着実に創出されていき、月商１００万円に到達していました。

このタイミングで私は勝負に出ることを勧めました。歯科医院への営業と大手通販ショッピングとの連携です。ただし、これらの連携はあくまで自社サイトへ大量のアクセスを集めたり、リピート購入で自社に戻って来てもらうための「宣伝として」の仕掛けです。同時に、自社サイトの改修と、楽天市場への出店、そして、テレビや雑誌へのパブリシティ活動も行ったところ、その年の売り上げが3億円、翌年7億円、3年後には20億円に達しました。利益を生み出したほとんどは、自社サイトと楽天ショップ。歯科医院への卸売りや大手ネットショッピングでの展開は事前の想定通り、大いなる宣伝になりました。

彼は、業界の慣習とは全く関係ないスタンスでビジネスを行う男でした。そこには、変な遠慮はありません。あったのはアサーティブです。アサーティブは自分のことを大切に考えますが、それと同様に相手のことも大切にできるコミュニケーション能力のことです。

## ▼下町中華屋の中国人夫婦が手作り餃子で、3億円

東京品川区に二店舗の中華料理店を経営していた中国人のご夫婦です。私は、このお店の〝普通の常連客〟でした。ある深夜、他のお客さんがいない時、初めて二人から職

業を尋ねられ、私はネット通販コンサルタントと答えず、ざっくりと「経営コンサルタントの会社を経営している」と答えました。すると、「もう一店舗、品川シーサイド駅の近くにお店を出そうとしている。どう思うか。住人は金持ちか」と畳みかけられるように相談を受けました。私は、一通り自分の見解を伝えた上で「お店を一店舗出すのには1千万円かかるでしょう。それならば300万円くらいで、ネット通販を始めることを考えてみたら。実は、私はネット通販の専門家です」と自分のためと相手のためを考え併せて、勧めてみました。さすが、ビジネスに積極的な中国の人です。翌日、私の自宅マンションまで来て、しかも朝の8時に「ネット通販ビジネスをやってみたい。杉本先生教えてほしい」と伝えに来られました。

その後、「何を売るか、どんなセールスメッセージで訴求するか」を試作なども重ねること、「3カ月間」。中国の国家資格である点心師だけで手作りする「大ぶり餃子」のネットショップにすることに決まりました。この餃子にたどり着くまで、ラーメン、刀削麺、タピオカジュース、焼いた肉まん……と試行錯誤しました。当時の日本は、〝毒入り餃子〟事件の影響をもろに受けていた時期。「餃子で行きましょう」という私の提案に彼らは猛反論。ただ、私は「国内で、国内産材料だけで、中国の点心師の人が手作りする大きな餃子は〝あるハードル〟を越えられれば、必ず大ヒットする」と確信を持っていました。このハードルを越えるのに、さらに3カ月間を要しました。このハードルは、食品のネット通販で成功するためには、超重要項目です。

超重要とは、「自宅で、簡単に、美味しく感じることができるか」です。もう少し具体的に書いてしまうと、「どうすれば、お店の味をほとんど誰でも再現できるか、その調理法を見つけ出すこと」です。あなたにもこんな経験はないでしょうか。私はよく覚えているのですが、有名店ブランドのインスタントラーメンやレトルトカレーを自宅で食べようという時、心はアノ店の味が食べれるんだと、ワクワクが激しくなっています。でも、お湯を入れて食べてみる、温めて食べてみて、落胆。「こんな味じゃない。これは、お店と全然違う。かけ離れている」という経験。私は、二度とこれらの商品は買っていません。リピート購入しませんでした。原因は、ゲインロス効果を悪い意味で、受け取ってしまったからです。事前の期待が膨らんでいる分、事実が期待を下回ると、ショックが激しくなるのです。このことを認識していた私は、その頃の売れ筋の電子レンジのベスト5全てで解凍方法や温めなどを数え切れないほど試しましたし、フライパンでの焼き方も考えつく全てのやり方を試し尽くしました。その結果、料理に不慣れな人でも50％以上の確率で「餃子が美味しくなる焼き方を発見」できました。この発見した焼き方をパンフレットにしたり、動画にしたことが大きな原動力となって、初年度、出店した楽天市場だけの売り上げが、リアル店舗2店舗合計売上高をはるかに上回り、3年目には3億円を記録しました。その直後、夫婦は日本でのビジネスを親類に譲って、上海に帰国していきました。この夫婦がジャパンドリームを成し遂げた最も大きな要因は、お金で成功法を買い、毎日実直に教えられたまま行動したことです。私と彼らの間には、物凄い緊張感が常にありました。いい意味でのプレッシャーを互いに掛け合っていたと思います。夫婦から私に託された言葉で忘れないものが一つあります。「先生、私たちの野望を叶えてください」です。ビジネスは、闘いです。人生は自分との闘いだと気づかされた瞬間でした。

リアル店舗を運営している経営者は、ネットショップを試してほしいです。ただし、簡単ではありません。

## ▼父の海外赴任先で見つけたコスメを輸入して、１億円

お父さんが商社勤務で、幼少の頃から家族でアジアやヨーロッパの各地で過ごした女性20代の人です。この女性から聞いた話は、とても勉強になりました。各国の女性の肌感、体臭は、食べ物やビューティケアの習慣からか、大雑把にグループ分けの説明ができるとのこと。もちろん、そういう情報はネット検索すれば散見できますが、現地で実際に自分の目で見たこと、鼻で嗅いで得た体感があったからこそ、彼女はネット通販ビジネスで成功をしました。ヨーロッパのある地域では、スキンケアは日本のように自宅

で行うのが主流でなく、美容サロンで資格を持っている専門家に行ってもらうのが普通で、あるサロンで使用されたスキンケア用品に衝撃を受け、その製造メーカーに何度もアプローチをして、販売権を獲得。その後、私にも連絡を下さいました。彼女は、「一人でも多くの日本女性にホンモノを使ってみてほしい。キレイになってほしい。その上で、儲けたい。リスクを取るのは当たり前」という明確なスタンスを伝えてくれました。

独自ドメインショップと楽天市場では、フロント商品を独特のポジショニングから売りまくって、バックエンド商品へつなぐ「2ステップマーケティング」が功を奏しました。実力ある商品は、まず一度使ってもらうところに注力すれば、あとは自ずと売れて行きます。ただ、広告を出して、欲しい成果が出るかどうかは一か八かです。長く集客活動を継続して、より多くのフロント商品ユーザーを獲得していくのには、資金と根気が必要です。

このショップは、富裕な40代後半以降の女性にバックエンド商品2週間分1万円が買われ続け、億越えを果たしました。

## ▼ダメ会社員が独立開業。組織を離れてダイエットサプリで3億円

彼は30代で、正社員としての会社勤めだけでなく、アルバイトもなかなか続かなくて、

ダメ会社員だと自身で劣等感を抱いていた人です。彼は、何度かの転職を経て、結果的に最後の会社員となったところで、ダイエット食品のネット通販に携わりました。その会社では、20億円以上の売り上げ作りに関与して、彼の中で「売れるモノとはどんなものか」を掴んだらしく、アメリカ・ラスベガスで開催している美容・健康関連製品のコンベンション（いわゆる展示会）に、私をコンサルタントとして同行してほしいと退職翌日に連絡をしてきました。そこで、見つけたダイエットサプリを輸入し、テレビパブリシティや楽天市場、独自ドメインショップで根気強く、売りました。彼は天才的な資金調達ができる人物です。プレゼンが上手で、人付き合いも上手。「愛されキャラ」なんだと思います。彼の短所は、ツメが甘いこと。法務や資金繰りの面です。特に、そこを私がコンサルタントとしてうまく指導し、良い結果を結実させることができました。

誰にでも言えることですが、「今」をちゃんと生きることで得られる成果があります。彼は最後の会社員時代、真摯に仕事に取り組んだからこそ、「ヒット商品の法則」をキャッチできたのだと思うのです。

## ▼地方の開店休業状態の小さな薬局、ネットで医薬品や日用品を販売して10億円

あなたの町の個人経営の薬局、ひとけがなくって、廃れていませんか。

こちらは東北地方の小さない薬店のお話です。初めて現地に私が行ってみた感想は「お店はもちろん、地域全体のしょんぼり感がハンパなく寂し過ぎる」とヤバい感じでした。私は、当時は医薬品等のネット販売のルールがまだ今のようにきちんと定められていない点に注目をして、日本であまりまだやっている人が少なかった医薬品のネット販売を提案して、スタートしました。店主はもちろん、薬剤師です。私と二人、薬事法違反にならないよう細心の注意を払って戦略を立案、実施しました。

ダイエット食品やミネラルウォーターの広告で集客して、次にメルマガで、人々が店頭で買いづらい医薬品を買ってもらう戦法です。店頭で堂々と買いにくい薬（大衆薬）とは、例えば女性だと、陰部のかゆみ止めや水虫薬、痔の薬、わきが用品。男性は養毛剤や精力剤など。もちろん、コンドームはかなりたくさん売れました。コンドームの主な買い手は女性であると、あなたは知っていましたか。私はそれまで知らなかった事実です。

このお店がネットショップで大成功を収められた要因は、「早くネット通販ビジネスに参入したこと」です。そしてリスクを背負って力いっぱい頑張ったこと」です。ものすごく広告を打ちました。今のあなたではドン引きする金額です。５千万円広告を売って、１億円売り上げる、そんなことを毎月やっていました。

医薬品のネット販売のルールが明確に定められている今は、もう薬品販売の事業そのものを譲渡して、のんびりと過ごしているようです。

## ▼イケイケなアラフォー女性が猛突進！　ダイエットサプリとアパレルで10億円

彼女はとても「ノリ」がいい人でした。経営をしていく上でノリはチャンス、例えば、人との出合いをモノにするチャンスを得るためにはポイントになることが多いように感じています。この女性は私の小学校時代の同級生の妹です。ひょんなことから偶然再会し、あれよあれよという間に、一緒にビジネスをやることになりました。

彼女は、大学教授であろうと大企業であろうと、アポなしで、接触できるノリの持ち主。健康食品の展示会で出合った便通が改善されるダイエット素材を〝超〟気に入って、開発者の大学教授に会いに行って販売権を得たり、大手通販会社にアポなしで営業に出かけて行き、テレビショッピングの枠を獲得して来たりしました。彼女の場合、ドカンとまとめて売るのが好きということで、自社でのネット通販にはあまり力を入れず、まとめて買い取ってくれるネットショップ運営会社への卸売りが中心でした。ここでの、私の役割は卸先であるネットショップやテレビショッピングの会社が消費者に販売しやすい状況を作る指導と、販売者が商品のブランドイメージを損ねないようガバナンスの指導を行っていました。具体的には、前者ではターゲティング、セールスメッセージ制作、ランディングページ（L・P）制作などの指導と監修、そして後者ではルールに従った販売をしているかの管理についての指導を行っていました。結果、売れ行きは大変好調で、彼女のすごいところは、得た販路に全く別ジャンルである自社ブランドの洋服まで売り込んで、売上げの上積みを行った点です。

**成功していく人は、幸運を期待して具体的に動きます。そして、さらに掴んだ幸運をもっと拡げようとします。得た人脈をとことん活用し、得たお金を次のために投資することができる人**なのです。

## ▼倒産寸前、過剰在庫に魔法をかけてコスメを1億売り、再起した40代実業家

彼との出会いは敏腕個人投資家からの紹介でした。信頼できるこの人からの紹介でないと、コンサルティングをきっと引き受けていなかったと思います。状況はかなり悪い状態でした。それは経営状態もそうですが、彼自身の健康状態も悪く、うつ病を患っていました。

私は彼と何回も話を重ねることで、彼の潜在能力を知り、顕在化するように努めました。身なりを整えさせ、成功している人が大勢いる焼き肉店の叙々苑や帝国ホテルのレストランで会うことを繰り返し、食べるもの、飲むものは量ではなく、質で選んで健康

になることを勧めました。人は見た目が9割という本もあったと思いますが、見た目を変えて、環境を変え、口に入れるものを変えると、みるみるうちに彼は〝普通に〟なっていきました。

ビジネスの方は、聴くと使用期限があと1年に迫っているコスメが、何万個もあると言うではありませんか。私は社内の誰もが〝不良在庫〟とレッテルを貼っているコレを、どうにかできないかと考えて、提案をしました。

提案の趣旨は「ターゲットと用途を絞りまくる」ことです。このコスメは、スキンケアクリームです。誰でも使えて、身体のどこにでも使える万能クリームです。この会社の顧客リストを見ると、最もお金を使っているのは40代以上の女性でした。そして、当時「小顔ブーム」だったので、「40代以上の女性のための小顔マッサージクリーム」という訴求点で、ネット通販で売り出したところ、みるみるうちに在庫が掃け、リピート製造が必要になるまで売れました。

ビジネスの成功も人生の成功も「健康」は礎（いしずえ）です。そして、諦めない。今ある能力を最大限に生かすことが億稼ぐ人には、必須の資質です。忘れてはいけないのは「人」です。あなたの今の人脈は、今までのあなたの成績表の一部です。彼には手を差し伸べてくれた投資家の人がポイントだったと想います。

# 3つの失敗事例

## ▼資金調達に二の足を踏んで、黒字倒産した二代目坊ちゃん

大きな商いをしていると黒字倒産の可能性が湧いてきます。黒字倒産とは、帳簿上、利益が出ていて、黒字の状態にもかかわらず、現金が不足していて、取引先への支払いができなかったり、借入金の返済ができない、また不渡手形を出してしまって、倒産に追い込まれることです。

ネット通販ビジネスを始めて、努力が実り、仕掛けがヒットすると、爆発的に大量の注文が短期間で舞い込むことがあります。こうなると注意を払わなくてはいけないのが、キャッシュフロー。現金の量の変動は資金繰り表を作って、経営者はきちんと認識しておかなくてはいけません。なぜなら、急に大量に売れると、仕入れ代金の支払いと売上げ金額の入金のペースが合わなくなることが起きるからです。順調に、売れているんだけど、一カ月間だけ、あるいはもっと言うと一週間だけ、現金が足りなくなるという事態が生じ得ます。そういう事態は、事前に資金繰り表やキャッシュフロー計算書などを

作って、経営者は近い将来起きるかも知れない、「資金ショート」の可能性を理解して、数カ月前から金策をしなくてはいけません。利息が低い銀行に借入金を申し込んでも、「はい、ＯＫです。ではでは、ささっと明日５００万円振り込みますね」という具合に、簡単に進むことはほとんどありません。借入先に銀行を選ぶなら何カ月も前から、動いておかなくては間に合いませんし、短期間だけノンバンクから借入をするのも悪くありませんが、審査を受けたり、利息の交渉をするのには時間が必要です。資金ショートする日が近づけば近づくほど、精神は圧迫されて、交渉においても立場が不利になってしまいます。

ネット通販で、美容グッズがバカ売れした二代目経営者は、資金繰り表を作って、現金不足になる時期が分かっていたにも関わらず、借金に対するバカげた思い込みを外すことができず、後手後手となり、結局、倒産に至ってしまいました。本当に、残念なことです。なぜなら、「黒字」で利益が出ていたからです。

日本は、義務教育ではもちろん、高校や大学でも「お金を儲ける」ことについて学ぶ機会がほとんどありません。むしろ、お金大好きは〝守銭奴〟と揶揄されたり、借金はだらしがない人がするもの、お金を貸す職業をろくでもない仕事だという印象付けがされています。この坊ちゃんは、裕福に育ち、親は無借金経営を信条として会社経営をさされていました。

新しく事業を起こす時や、成長や飛躍させて、あなたがワンランク、ツーランク上昇するためには、あるタイミングで必ず、種銭が足りないということに直面します。まとまった資金があれば、掴めるチャンスがあります。成功して億越えしていく人はほとんど必ず借り入れをします。借入金は、時間短縮と不要な苦労をショートカットするために必要です。ちなみに、あなたは日本一、借入金を多くしている会社を知っていますか。約14・8兆円の借入をしているソフトバンクグループです。2位は東京電力HDの6兆円、3位は5・3兆円の三菱商事です（2017年、東洋経済オンライン発表）。

あなたに問いかけます。これらの会社はだらしがない、悪い会社でしょうか？　社会の役に立っていない会社でしょうか。

## ▼お金になれば何でもいいと、理念なしのグレー実業家

私はいつも、関わる人たちみんなのメリットや幸せを考えるようクライアントたちに指導しています。しかし、そういう考えに興味を示さない経営者もたまにはいます。彼は、「儲かれば何でもいい」というのがポリシー。そんな彼は、私の恩人からの紹介で出合いました。紹介と言うのは厄介です。こんな人とも接点が出来てしまいますので。

彼はいわゆる流行りモノでかつ、法的にブラックではないもののグレーゾーンを狙っ

て商売を展開していました。そんな彼とホワイト領域の健康食品のネット販売をやろうということになったのですが、地道に土台を作っていく私のやり方が合わず、結局のところ、販売前に物別れになってしまいました。その後、噂で聞いた話によると、脱税容疑で当局から取り調べを受けたとか受けなかったとか。

彼には、圧倒的に「愛」が足りなかったような気がします。取り扱う商品に対する愛、顧客への愛、関わる人達みんなへの愛、社会への愛などです。

成功者には「お互い様」の精神があります。「おかげ様」の感謝があります。それは、強さが産み出すもので、強さは知識と経験、稼ぐ力がベースです。強い人には、あらゆることを許す余裕があります。

## ▼有名芸能人も含んだ悪意ある大人に唆《そそのか》され、損害を被った20代イケメン起業家

この件は、有名な芸能人も関わったプロジェクトです。彼は、私から言わせれば、悪意ある人に唆されて始めた、サプリメントや化粧品のネット通販事業を進めていました。私には、商品もショッピングページも一通り完成している状態で、コンサル指導の依頼を貰いました。共通の友人の誕生会で知り合って、すぐのことでした。

ｗｅｂサイトを見ると、わずか数秒で疑念を感じました。しかも、限りなくアウトに

近い感触で。今の医薬品医療機器法、以前は長く薬事法と呼んでいた法律に違反していると判断できる点をすぐに見つけました。サプリメントは食品です。食品には医薬品的な効能効果は、原則的にありません。トクホや機能性表示食品には認められる部分があるのですが。また、化粧品には定められた効能効果しか標ぼうすることは認められていないにもかかわらず、販売ページでは、ルールを逸脱した標ぼうで、ガンガン訴求していました。彼には、ルールの説明と対処法を指導したら、後日、苦しそうに「このページのような売り方を今までも、いわゆるSF商法（催眠商法）的に販売してきて、何の問題もなかったから、これは問題ないのでは」と言うのです。そして、私は彼にはこのプロジェクトと関わることは、いくらかの損失を負うとしても止めた方がいいと、理由をきちんと整理し、アドバイスしました。よくよく聴くと、私にショッピングページのチェックを依頼したのは、自分でも薄々マズいんじゃないかと感じていたからで、手を引くチャンスをもらったと涙ながらに話していました。

一発屋でなく、長く継続して、成功したいなら社会性は必須です。法律と道徳を尊重することを当たり前のこととしなくてはいけません。また、経営者は直感を大切にしてほしいです。直感を大切にするとは、直感的に何かを感じたら、その後で論理的にチェックすることを一連の習慣にするということです。うまくいかなくて、失敗する人は感情と論理のバランスが悪すぎるのが共通点なのです。

# 第3章

# 1年目、
# 億稼ぐ土台作り、
# 負け組にならない
# 「マインドセット」

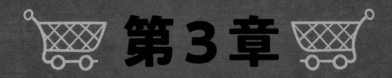

# ルール3

# 成功する人と失敗する人、最大の違いはマインド！マインドさえ整えば、ノウハウやナレッジの習得スピードは、どんどん加速する

## ▼億稼ぐには、スタートダッシュが肝心

結果として億稼いだ人は、「案外、スイスイと来られた」と話す人が少なくありません。ただ、それはまさに結果論であり、今のあなたは、簡単そうだとは捉えない方が無難です。なぜ、成功者たちがそういう表現をするかと言うと、それは流れに〝乗っていた〟からです。いやむしろ、流れを〝作った〟と表現する方が正確です。稼ぐためには、稼げる方法を実践した方がいいでしょうし、何かにチャレンジして成功を得るためには、その分野の成功法を実践するべきです。スタートダッシュが肝心とは、スタートダッシュできると、まさに〝気分がいい〟からです。「私は頑張っているな」「私はすごい」と自己肯定感を感じられます。億稼いで人生逆転するくらいの努力をするためには、気分が良くないと続きません。

陸上競技でオリンピック三大会連続出場を果たした為末大さんのブログにスタートダッシュについて次のように記述があります。「スタートダッシュの目的はつまるところ、効率よく加速するためにあります」と。

これはビジネスでも同じではないでしょうか。加速するとは、モチベーションを維持し、やるべきことをちゃんとやって、小さな成果を積み重ねていくことです。スタート

ダッシュの効能は、「気分がいい」に尽きます。

良いスタートダッシュを切るためには、ビジネスでも準備が必要です。まず、何がなくても「マインド」を整えることです。マインドを整えるとは「学ぶ姿勢を作る」ことで、これから具体的なノウハウやテクニック、ナレッジを勉強して、実践するために、それを邪魔する感情面を整えておこうということです。いの一番にやるべきことは「自分の現状を正しく認識する」こと。自分の性格、感情の傾向、基礎学力、ビジネススキル、好き嫌い、健康状態、資金……現状認識は、あなたのスタート地点です。ゴールは目的や目標です。目標達成の考え方は、シンプルです。あなたのスタートとゴールの「差」を埋めるだけなのですから。

スタートダッシュするために、整えておくべき最重要事項は「強い目的」の設定です。私は、何をするにも、しないのにも目的を意識しています。目的は意図で「何のために」の部分です。億越えしたいのは、何のためなのか？　あなたが腑に陥る設定を行ってみてほしい。ちなみに、億越えする成功者の目的は、私的な部分に留まらず、公的な領域にまで設定している人が多くいるように感じています。例えば、単に、4億円のランボルギーニ ヴェネーノに乗りたいとか、また六本木ヒルズに住みたい、自分の家族に不自由のない暮らしをさせてあげたいというのも、私的なことです。公的というのは、不足している幼稚園や保育園を作りたい、画期的な技術革新を興したいから宇宙ビジネスをやりたい、世界平和を目指すための活動というのも公的な目標です。悲しいかな、「タワーマンションに住みたいから金持ちになりたい、だからコンサルティングをお願いしたい」と尋ねてくれた人は、ほぼ全員、コンサル指導が本格的に始まる前に脱落していきました。成功者の目的は、つまるところ、男女問わず「モテたい！」と「みんな幸せになってほしい」という自分のためと、みんなのための両存です。どうやら、目的が私的なものだけでも、公的なものだけでも、片方ではモチベーションが続かないのが事実のようです。

## ▼成功した人、100人中100人が「目的」と3年後の姿を即答できる

自分で決めた目的は忘れてはいけません。目的や目標を忘れて、それらを達成する人は決していません。クライアントをはじめ、私の周りの成功者たちは、自分の野望に対して執念深いです。もちろん、これは良い意味です。きちんと執着しているということです。その証拠として、いつ尋ねても、全員が例外なく、目的と目標をすぐに答えてくれます。これを例えば、一般企業のマネージャー研修で行うと、年始や年度初めに答えられた人達も、もう2カ月も経過すると、答えられない人が続出します。

あなたは、数年後、例えば、３年後にこうしたいという理想を持って日々暮らしてい

ますか。成功者たちは、ビジョンを持っています。ビジョンとは、未来像です。すらすらと答えられる人達は、その未来像が自分の中で「絵」になっています。オフィスの様子、受注画面、ベストセラー本を出している様子、自信満々にセミナー講師をやっている様子、億越えしている通帳……など様々です。もちろん、どんなビジョンを描くかは自由ですから、あなたも誰にも遠慮せず、思い切った妄想を楽しんで、そうなると決めてください。

結論としてポイントは、繰り返しになりますが、**設定した目的と目標、イメージしたビジョンを忘れない**ことです。忘れれば、実現しません。強い目的意識で忘れず、腑に落としていれば、あなたは自動的にそれらを実現しようと、具体的に動きますから。

## ▼約束は絶対に守る

約束は、「規律」です。相手との申し合わせ、自分の規則と習慣は、絶対に守った方が良さそうです。そう思ったキッカケは、私自身の感情を観察していてです。規律を守っている相手には「敬意」の気持ちを抱きます。言ったことをやる、同意した決め事は守る、ごくごく人として当たり前のことでしょうが、世間で規律が守られないことは、日常茶飯事ですよね。

例えば、待ち合わせの集合時刻やコンサルティングでの開始時刻。判で押したように、稼ぎが悪い人だけが遅刻します。具体的にはサラリーマンや雇われ社長が遅刻をするものの、不思議と忙しくて稼いでいる成功者ほど、決めた時刻よりもかなり余裕をもって、その場に現れています。成功する人は、「自分の時間が大切」、そして「相手の時間」も大切にしますから、滅多に遅れることはありません。遅刻をしないと効用があります。これからのテーマへの準備を整えることができますし、トイレやコーヒーを一杯などの〝ゆとり〟も作れます。他に、ここがお勧めですが、遅刻をしないで相手よりも早く到着していることで、相手に対してプレッシャーを与え、強いポジショニングをゲットすることにもつなげられます。

また、敬意を持たれたり、プレッシャーを与えたりする他に、「信頼」を得られる効果もあります。時間、提出物、支払い、色んなルールや規則を、どんなに困難な下であっても絶対に守ることで、あなたは「あの人はすごい人だ」「厳しい人だ」という様に威厳と共に、信頼を間違いなく得られます。

逆に、毎回5分遅刻する人、しょっちゅう支払いが遅れたりする人や約束を守れないことを事前に、連絡してこない人は、相手から「だらしがなくて、信用できない人」「どうせアイツは、約束を守らない」等とレッテルを貼られて、期待されない人となってしまいます。

私は、地方に出張に行くことも度々なのですが、天候や事故などの影響で飛行機や電車が時刻表通りに運行していないことは、しばしば起こっています。ですが、記憶にある限り、もう10年以上も遅刻をしたことはありません。なぜなら、そういう事態を見込んで動いているからです。前ノリしたり、電車の運転が途切れた地点から何万円もかけてタクシーで向かったことも一度や二度ではありません。それは、相手への敬意と自分のプライドからです。私の友人のセミナー講師の方は、風邪で39度近く発熱していた時も、会った時にはそういう雰囲気を微塵にも出さず、花粉症だと言いマスクをして、登壇をして最後まで通常通りやり遂げていました。やはり、成功する人は、規律に厳しい人たちが多いようです。

## ▼億稼ぐ、エンジンとガソリンは「愛や欲望、そして恐怖」

私は、コンサルティングの初回にクライアントに対して必ず行うワークがあります。

その一部に、

**1. 資本主義経済を生きるあなたにとって、「恐怖」はなんですか？**

**2. 資本主義経済を生きるあなたにとって、「愛や欲望」はなんですか？**

の設問があります。この質問は何のためにあるのかと言うと、お金を稼ぐのは資本主義だからで、資本主義での勝ち方の原理を理解することが成功するためには、必要だからです。お金を稼ごうという時、お金を稼げなかったらどんな恐怖が襲ってくるのか、逆に欲しいだけのお金を稼げたら、どんな愛や欲望を叶えられるのかを明確に自覚しておくと、頑張りやすいです。これは、お金を稼ぐことが「快」で楽しいこと、お金を稼げないことを「不快」で恐怖なことであると、潜在意識に刷り込み、意識的な顕在意識に変化させようという働きかけです。

日々、ダイエットを頑張っている人も、無意識的かも知れませんが、この原理を使っていますよね。ダイエットができなくて太ると、モテない、素敵な洋服が似合わない、高血圧や痛風などの病気になりやすい。でも、ダイエットを頑張れて、スリムになるとモテる、素敵な洋服が似合う、健康で生き生きとした毎日が送れるというように。

何かを成し遂げたい時、この「快・不快」の活用をすれば大体うまくいきます。資本主義で勝ち抜いていくために、そのエネルギー源はあなたの感情である恐怖や愛、欲望に他なりません。

## ▼稼げない負け組は「感情コントロール」ができていない

誰でも一度や二度ではないと思います。その時の一時的な感情に引っ張られて、後々、大変な後悔をするような失敗体験があるのではないでしょうか。政治家や有名人の一時的な感情による失態が、近ごろではよくテレビのワイドショーやSNSで話題になりますね。「このハゲー!」と秘書を罵った女性政治家や、不倫相手の男性がパンツを被ったシーンをFLASHされた女優もいました。この人たちは、明らかに判断ミスをしています。そのキッカケは、怒りであったり楽しさであったりだと推察できます。無論、一時的な感情による判断ミスは、こういったスキャンダル的なことばかりではありません。ビジネスシーンでも、普通に繰り広げられています。

分かりやすいのは、例えば、株式投資。カリスマ個人投資家で、楽天証券でコラムの執筆もされている公認会計士で税理士の足立武志さんから、銘柄選びと売買のタイミングを判断ミスする大きな要素に、感情があると教わったことがあります。「好き・嫌い・欲」という感情が、きちんと事実を重視しなくなってしまい、判断ミスを起こし、損出を被る行動パターンです。多くの成功者たちの友人は、みな余裕を持っています。余裕とは、ゆとりですし、余白です。潜在意識を利用した「マーフィーの成功法則」の提唱者として世界的に知られる作家で牧師のジョセフ・マーフィーの名言に**「感情が人の運**

**命を大きく左右していることに気づきなさい。感情のコントロールができる人が人間関係の勝利者です」**とあります。この言葉を毎日、声に出して読んで、私は体全体に沁み込ませていました。

ただ、誤解しないで欲しいことがあります。「感情コントロール」とは、あなたの喜怒哀楽をはじめとするあらゆる感情を抑え込んでしまいなさい、と言っているのではありません。どういうことかと言うと、「都度都度の判断を、一時的な感情に振り回されないで欲しい。感情に振り回されてばかりの振る舞いや発言は、結果として、散々な目に遭う確率が高くなってしまう」私はこれを、億稼ぎたいあなたに理解してほしい訳です。

あなたの周りの成功者の人達をよく観察してください。感情や欲求に任せて、何をするか、何をしないかを決定している人は少ないはずです。あらゆる**判断基準は、「目的」「意図」「成果」とする習慣付けが、あなたを勝ち組に**誘います。

では、どうやれば感情をコントロールしやすくなるか。まず第一に、いつも自分の感情を、もう一人の自分で見守っておきます。「今、私は怒っているな」「今、私は見栄を張ったな」「今、私は焦っているな」何か普段とは違う感情が湧いていたら、まずは決して否定して打ち消そうとせず、しっかりと、そういう感情を自分が抱いていると認めることをします。そうすると、不思議です。もうその時点で、「ゆとり」が出現しています。このゆとりが判断ミスを激減させます。自分の感情をいつも、自分で認識する習慣づけを行っていてください。

あなたの判断ミスを激減させるために、判断ミスを誘発する代表的な感情を記しておきます。「怒り」「好き」「欲しい」「見栄」「意地」「不安」「焦り」といったところです。例えば、怪しい情報商材や不適切な投資話などに対して、お金を払ってしまうのは「焦り」と「欲」です。繰り返しますが、こういう感情を抑制して消せ、とは言っていません。色々感じることは、人間らしい尊い機能ですから、押し殺す必要はありません。そして、もう一つ、一時的な感情によって判断ミスを避けるために必要なのが、知識と情報を勉強や実践により、積み重ねておくことです。知識や経験は「見る目」を養います。色んな人から学ぶことが一番ですが、時短できるのは本を読むこと、YOUTUBEを見ること、オーディオブックを聴くこともお勧めできます。

とにかく、「感情コントロール」はあなたが、加速して比較的短期間で成功するためには非常に〝重要な鍵（キー）〟になると、私は確信しています。ちなみに、1980年Robert Plutchik氏が提唱した、感情の種類と関係性を示した色彩立体図「プルチックの感情の輪」で、感情とはどういうものかを理解しておくことも良いと思います。

※第7章で記述している「思い込み」も、あなたの判断ミスに大きく関与しています。

# プルチックの感情の輪

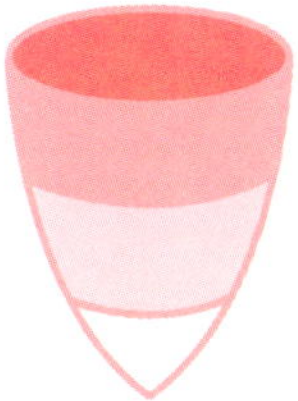

←このような立体を展開したのが下図
中央にいくほど感情が強くなる

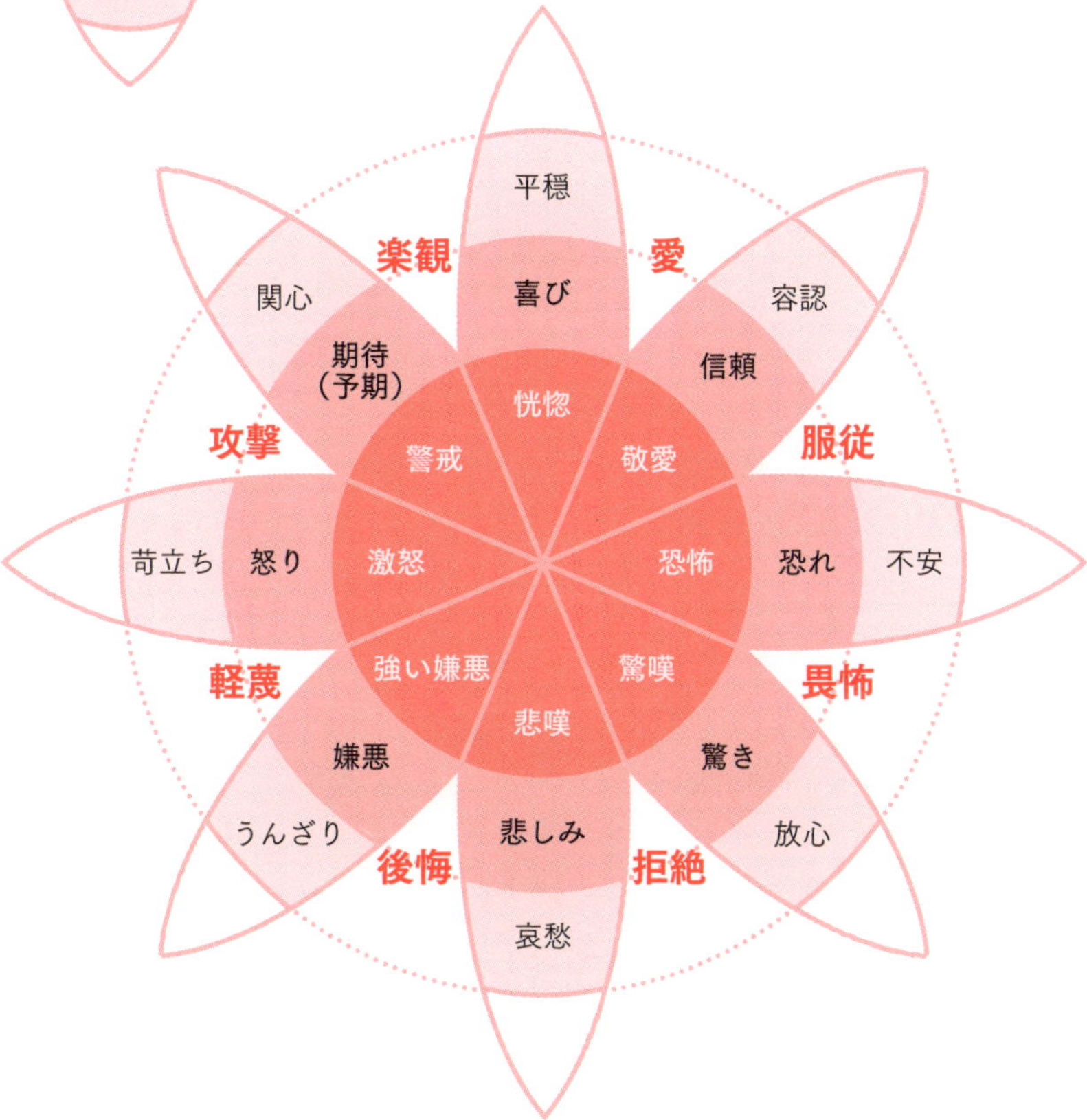


（出典：ビジネスのためのWeb活用術。
ブログ時代のWeb集客力をつける戦略学習サイト 改）

## 運を引き寄せる成功者は、「虫の知らせ」を無視しない

勝間和代さんの有料メルマガを購読して知り、私自身が実践し、とても有効だったので、今では私のクライアントたちにも実践してもらっているのが、「虫の知らせ」を放置しないこと、無視しないことです。

過去のちょっとした良くない出来事を思い出してみてください。財布を忘れた、スマホを忘れた、トイレがなくて困った……何でも構いません。そんな時は、確実に何か予兆があったはずです。私は以前、しばしばありました。財布やスマホを持ったかなと一瞬よぎったこと、トイレに行きたいなと思ったけど、大丈夫だと思って行かなかったこと。これが「虫の知らせ」です。カバンの中を全部見るのが面倒くさくて、財布やスマホを探さないで、外出して、結局持っていなかったこと。トイレに行きたいと思ったけど、面倒くさいからまだいいや、と行かなくて、数分後に、無性に行きたくなり、駅のトイレに駆け込むと、全て利用中で冷や汗をかいたこと等々。

支払いの失念や待ち合わせの時刻を間違えた、交通事故や、もっと大きなトラブルが起こった場合も、実は自分で何かしらの違和感を予兆として感じていることが少なくありません。トラブルを防ぐ最良で、コストもかからない方法が、予兆である虫の知らせを放置しないで、面倒だけれども「確認」することです。

世界30か国でベストセラーになった『運のいい人の法則』（R・ワイズマン博士）という本があります。その法則2が「虫の知らせを聞き逃さない」です。運のいい人は直感と本能を信じて正しい行動をするとあります。しかしながらここを、賢人でない私たち普通の人は勘違いしてはいけません。いわゆる「直感」や「勘」の中には、知識や経験を土台としたものもあり、全てがスピリチュアル的ではないということです。知識や経験が少ない人が、「勘」と言う時、実は「意識的な好み」が含まれてしまっています。私で言うところの「面倒くささ」が私の好みという解釈になる訳です。あなたが、直感や本能と思ったことで、〝正しい行動〟を選択するためには、論理も引っ張り出してくることが、勘違いの直感を排除するために私は大切な作業と考えています。

## 直感と論理のバランスが成功者は抜群です。

成功者が直感を大切に取り扱うことは事実ですが、実は、直感で良いと思ったことを論理で裏付けた上で、選択をして実行に移していることがほとんどであると思います。ある判断が結果に対して影響が大きければ大きいほど、成功する人はみな論理に照らしてリスクを減らし、不安を減らす作業を行います。彼らは、敢えて、好判断をした時「直感です！」と、後段を省略して話します。だって、その方が、何だか格好いいじゃありませんか。また、本心としては他者に再現させない予防線を意識的に張っていることもあると思慮しています。

## ▼反対意見を言ってくれる、二人の理解者がいると強い

この本を読んでくださっている読者さんのほとんどは、「一人」でネット通販事業をはじめようという人でしょう。一人というのは、自由でスイスイと動きやすい反面、孤独で心細いというのが現実です。そんな時には、あなたに親身になって「忖度《そんたく》のない意見」を言ってくれる人がいると、非常に助かります。なぜなら、自分一人で何でもやっていくと世界観が狭くなりがちで、自分の世界に入り込んで買い手である「ターゲット」とギャップ（乖離）が生じてしまう危険性があるからです。井の中の蛙で、たった一人の世界になってしまっている事にも気付かなくなってしまいます。

そんな時、普通の感覚の一人と、ネット通販ビジネスの全体像をよく知っているもう一人の存在で、大失敗する確率を減らすことができます。一人は、結婚相手や恋人がいいでしょう。あなたの小心な性格の部分と、うまくいく時の雰囲気も知っている相手は、ある意見を言ってもらうのに最適です。それは「〇〇さんは自分と付き合う相手としてふさわしいか」に対する意見です。特に、意見を言ってくれるのが女性の場合は、デコーディング（解読）能力を発揮してくれます。パートナーの女性に「あの人とは、付き合わない方がいいよ」と言われたら、付き合ってはダメです。あなたのことをよく知っている大切なパートナーの意見だからです。女性の野生の勘は鋭いです。浮気はバレて

いますし、臨時収入があなたにあった時も、うすうす感じ取っています。逆に、男は相手の浮気も臨時収入も分かりません、髪型が変わっても気付かないくらいですから。女性の鋭い反対意見は、聴いて受け入れておくべきです。ただし、通販ビジネスの素人のパートナーには、絶対に意見を求めてはいけない領域があります。それは「経営に関わる専門領域」です。理由は明快、未経験だからです。

ビジネスのことは、専門家に意見を言ってもらうのが適切です。もちろん、他人で専門家ですから、意見をもらうのは有償です。その時に、あなたが「誰を選ぶか」はあなたの成功のためには非常に重大な選択となります。やはり、総合的に「実力」のある人物を選びたいですよね。まずは、そのコンサルタントや講師、コーチが出版している著書を読んでみましょう。そして、Facebookで、その人が親しくしている友達がどんな人なのかもチェックしてみてください。本を読むと、考え方の基本が分かるでしょうし、親しい友達を確認すると、その人の種類や人柄を感じられます。本がとても理路整然としていて教科書のようでしたら、その著者はまじめで論理重視かも知れません。また、テクニカルなことばかりであれば技術重視、マインドのことばかりであればマインド重視、バランスよく両方書かれていればバランス感覚がある先生かも知れません。Facebookの友達については、親しいコアな友達の部分は、似ている人たちの集まりです。例えば、私の友達の職業は医師や税理士、弁護士やコンサルタント、投資家など多ジャンルですが、共通している点は、みな「本質」を追求する人達です。価値観が一致しているから友達になっているということです。

そして、一度、セミナーや勉強会、お試しコンサルティングなどに参加して「実力」を確認する方法があります。それは、本編以外の休憩時間や終了後の名刺交換の際、または懇親会の場で「専門的な相談を問いかける」戦法です。本編は、準備万端で臨んでいる先生がほとんどですから、上手に進行して当たり前。休憩時間や懇親会のタイミングは、準備をしていない「裸」、「素」の状態です。そんなタイミングで、あなたが一番知りたいことを訊ねてみます。その反応で、先生の人柄や実力、あなたとの相性が分かることがあります。もちろん、一回では十分には分かりません。先生にも人見知りの人もいますし、口下手な人もいますから。

相談相手として、選んではいけない人は、二種類。全てを否定するタイプの「ドリームキラー族」の人と、判断基準を自分の好みか否かとしている「I am a rulebook 族」です。これらに当てはまっていれば、たとえ結婚相手やパートナーであっても、コンサルタントやコーチであっても相談するべきではありません。あなたの成功、つまり億越えが遠ざかってしまいますから。あなたの可能性と不可能性を目的第一主義の視野で考えてくれていない人、自己満足したい自我の人です。無論、教え、指導し、成功へ誘うのが仕事であるコンサルタントやコーチがこういう人であれば、それはプロとは呼べないクオリティーだと私は考えます。インターネット上には、色んな人達がコンサルタントだとか講師だと名乗って、セールスしているので、精査して、自分の目的や相性が合う人を見つけるのが良いでしょう。

## ▼一番難しい壁は、今の自分を乗り越えること

これは、あなたが例えば3年後に億越えという成功を手に入れるためには、かなり重要な内容です。そう受け止めてほしいです。まず、あなたに問いかけます。読み進むのを一旦中止して、5分間でいいので考えてください。

**「あなたは、今までの延長線上、つまり今までの考え方や手法、これまで培った知識や経験を用いるだけで、近い将来に億越えしたり、成功者になれそうですか？」**

悪いですが、ほとんどの人が今までの延長線上には、欲しい未来はないかと思います。このことは、現在のあなたの状態が証明しているでしょう。今までとは違う、格段に違う「結果」が欲しければ、「過程」である考え方、手法を変えて、知識と経験を増やす、これは当たり前のことです。

世の中には、「自分の好きなことを、自分のやりたいようにやれば成果は得られる」という意味の言葉があります。私は、それは一部の今、優秀な人で、基本が出来上がっている人だけに通用する言葉だと判断しています。自分の「好きなこと」も自分の「やり方」も、それまでの経験域に基づくものです。ですから、マインドや知識、学力、コミュニケーション能力、経験などが不足していれば、あなたは、その時点では世界観が狭く、技量も乏しい状態にある訳です。そういう状態で、好きなことを、難なくできる手法で実行したとしても、結果は、たかだかしれているはずです。今までに、成し遂げたことがないレベルの高い成果をゲットしたいなら、あなたは多様な面で「容量を拡大」する必要があります。今、解決できない課題や目標があるのなら、今の状態を一歩ずつ前に進んで、自分の能力を拡大していく必要があります。

ただし、自分の容量を増やしていく作業は、一朝一夕には進みません。**自分の能力を拡大していく第一歩は、適切に、自分の現状を認識して受け入れることから**始まります。何ができないのか、何はしたくないのか、どれくらいの実力の持ち主なのか、もっと言うと、どれほどの人間なのかということまでも、自分で自分を知ることがあなたの能力をグングン広げていくために、まず必要です。この自己の現状把握の作業は、ほとんどの人にとって、実に辛い時間になります。なぜなら、「大したことがない自分」を受け入れ認めることに、かなりの抵抗感を覚えるからです。ここを乗り切り、いったん立ち止まって、目的や目標のために必要な修正点・不足点を洗い出し、修正すべきは速攻で修正し、不足していることは着実に加算していくことで、今の自分を乗り越えられます。

ただ、人には、「現状維持バイアス」という特性が遺伝子レベルで誰にだってあるものです。変化を避け、現状を維持している方が安全だと思い込むプログラムがインプットされていると、心理学では言われています。「面倒くさい。煩わしい。今までと同じでいいや」と想う現象のことです。この現状維持バイアスから抜け出すかどうか、それはあなたが、今を乗り越え、実力者となり成功者になれるかどうかを大きく左右していると言えます。文筆家の稲垣麻由美さんの著作『人生で本当にたいせつなこと、がん専門の精神科医・清水研と患者たちの対話』（KADOKAWA）には「人は苦難を乗り越える力（レジリエンス）を持っている」とあります。レジリエンスの高い人は，困難やリスクがあってもそこから逃げず，壁を乗り越えて目標を実現する力があります。

「レジリエンス」は、ＮＨＫテレビの『クローズアップ現代』でも取り上げられたことがある30年以上、心理学の世界で研究されているもの。人の「精神的な回復力」や「再起力」を意味する用語で、人材育成の現場に活かしている大企業もあります。高いレジリエンスの持ち主には、次の3つの能力があると言われています。

**1．「回復力」逆境や困難に直面して、ストレスを感じても元に戻れる**

**2．「緩衝力」強いストレスにも耐えられる、弾力性のあるメンタル**

# レジリエンス

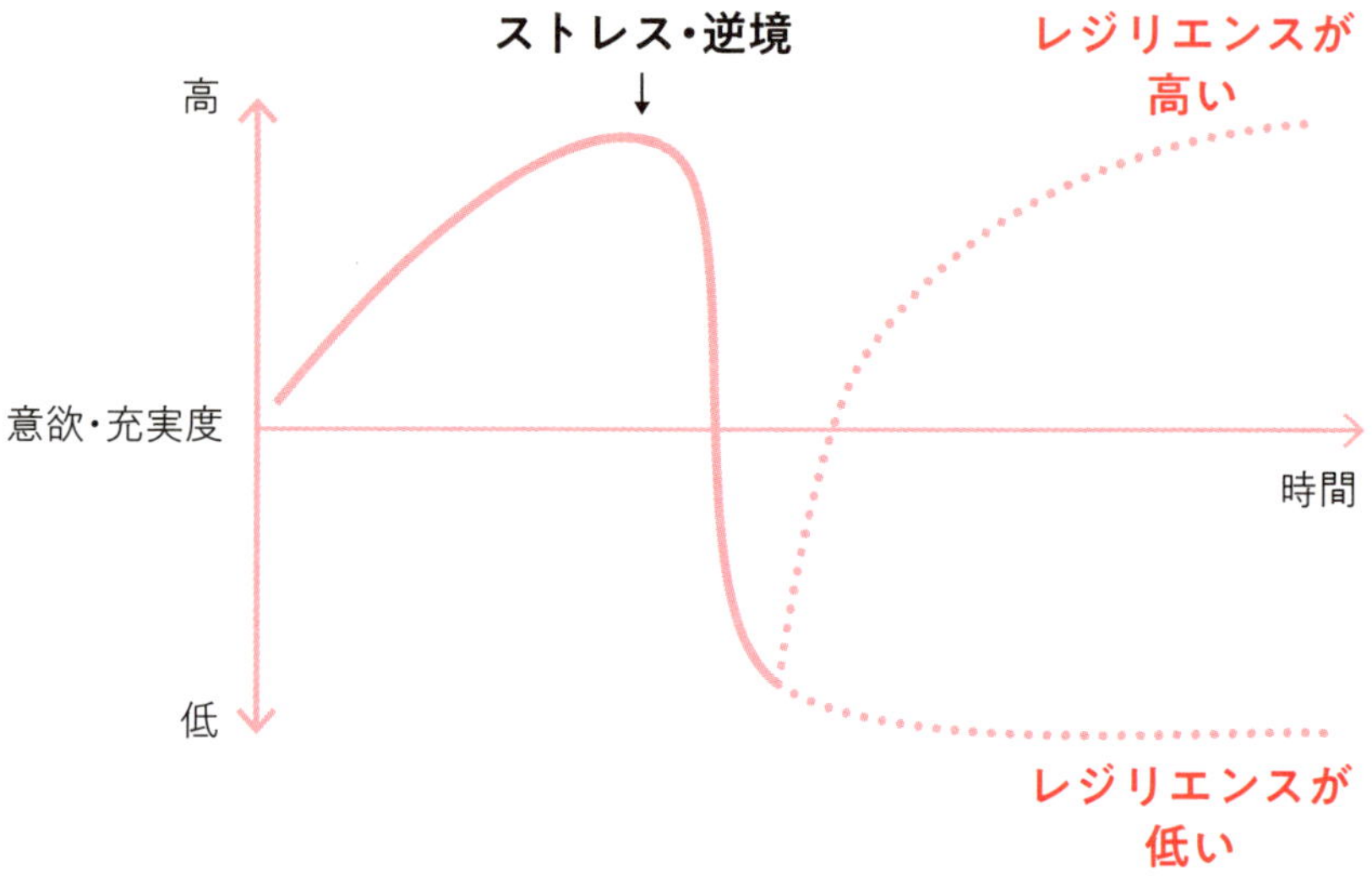

## 3.「適応力」新しい環境や予期せぬ変化を受け入れて対応できる、順応性

成功している有名な経営者や政治家、スポーツ選手などには、レジリエンスがありそうだと想像することは容易ですね。

また、荒木飛呂彦さんの『ジョジョの奇妙な冒険 Part4 ダイヤモンドは砕けない』46巻で、登場人物の岸辺露伴は、次のように語っています。あなたの励みになるよう、紹介しておきます。

「もっとも難しいことは！　自分を乗り越えることさ！　ぼくは自分の運をこれから乗り越える！」

変化する勇気を持ってください。怖くて、面倒くさくて、なかなか変化しきれないのが普通の人です。今まで見たことがない結果を見られる成功者になりたければ、自分の容量を拡張し、対応できる種類も増やすことが必要です。この変化が成長であり、進化するということです。そして、何事にも「余裕」を作ること。成功者とは、みな余裕があります。余裕があれば、お金持ちになるだけでなく、許し、優しくなれて、いい人にもなれますから。

## ▼他人の成功法則では、本当は成功できない

今、私は読者のあなたに「成功してほしい、僭越えしてほしい。晴れた心で過ごす毎日を創ってほしい」そういう想いで〝成功法則〟のこの本を執筆しています。その私が「他人の成功法則では、〝本当は〟成功できない」と記しています。奇妙ですね。説明します。もう少し丁寧に表現すると、「他人が成功した方法を知って、実践したとしても、あなたが成功するとは100％は言い切れない」という感じの意味です。理由は二つ。

一つ目は、他人が作った成功法則を「きちんと正しく理解して、それを100％完璧に実践することは困難」だからです。コンサル指導をしたり、研修を行っていてもしばしばあることです。本人としては、学んだとおりに実行しているつもりだけれど、当の指導者から見ていると、本人の傾聴力や読解力の不足と、思い込みで解釈が相当間違っていること。また何一つ欠落することなく実行することで有効性を帯びる戦術なのに、好き嫌いや資金面から一部分だけを取り入れて、全部やっていると勘違いしていることなどもあります。これらは、基礎学力やコミュニケーション能力の不足、思い込みが原因で、大事な部分が欠けてしまったり、微妙に間違ったり、意図や解釈、言葉が歪められたり、他にすり替わったりしてしまうから生じるケースです。

もう一つは、他者の成功した方法は、あくまでも、「その他者が、その時に実践した方

法に過ぎなくて、今、あなたも再現できるかどうかは分からない」からです。ただ注意してほしいことは、あなたより先に成功している人が勧めている手法を否定しているのでは全くありません。そうであれば、この本を書いている意味がなくなってしまいますし、あなたは一人ぼっちになってしまいます。まずは、「うまくいっている先輩成功者の真似を愚直にする」こと。これは、断然やった方がいい！　しばらくの間は「自分らしさ」なんか当てにならないものだと理解して、あなたが選択した見習うべき先輩成功者のやり方を一通り、ちゃんと全部やった方がいい。実は、私もこれは実践しました。前作の『片手間では絶対成功しないネット通販』（金園社）で表紙と帯に、推薦文を書いていただいた松尾昭仁さんという起業家の処女作『誰にでもできる「セミナー講師」になって稼ぐ法』（同文舘出版）を私は買い求めた後、この一冊に書いてあったことを丸々全て実行しました。その経験が、間違いなく今得ている成果につながっています。セミナー講師でもない私が、この本を手に取った理由は、「見えないセミナーという商品を、どんな考え方と手法で売っていくか」が書かれているこの本は、私のネット通販コンサルという見えない商品を売っていくのと本質的に同じはずだと、私は考えたからです。

あなたにも、「他人の成功法則を、適切に、１から10まで確実に実践」してみることをお勧めします。最後まで全部実践すると、必ず得られるものがあるはずです。その上で、自分流の成功マニュアルを、完成させるといいでしょう。自分流の勝ちパターンを認識できる頃には、あなたは間違いなくスイスイと稼いでいるだろうと、私は確信しています。

### ▼億稼ぐ人は、根拠が分からなくても、まず動く

私のお試しコンサルティングや一般参加も受け入れている勉強会で、当然、受講者に役立とうという意図からお伝えした内容について、しつこく「根拠は?」とか「データは?」とかと、言ってくる人が時折います。まず、結論から言うと、この種の人達は消えていきます。もちろん、著しい成果は得られていません。聞き方も、腕組みをしていたり、ふんぞり返った姿勢で、恐らく私に対して「お手並み、拝見」という気持ちもあるのだと思います。**成長していく人の最強の武器は、とんでもない「素直さ」です。**これは、間違いありません。素直な人は、行動力が半端ありません。私は、会ったこともない人がテレビで話していることを、どんどん実践していますし、他人のメルマガを毎日20通以上も目を通して、「これは!」と思ったことは、ドンドン実践しています。

指導者の側から説明させていただくと、知識も経験も私より少ない相手に対して、いくら理由や根拠、データを説明したところで、分からない人には分からないものですから、愛情込めて「成果が欲しければ、つべこべ言わないで、取り敢えず実践してみれ

ば！」と促します。これは、親と子供の関係に似ているところがあるのではないでしょうか。子供に何かを教育したり、躾けをする時、子供が腑に落ちるまで説明を施すでしょうか。物事には、やっているうちに、突然「そういうことか！　だから、これは大事だったんだな」と腑に落ちるタイミングがやってくる時があるでしょう。腑に落ちると、脳も身体も活性化してティッピングポイントという成果が急上昇を始める地点に出合います。

しつこく「根拠は？」「データは？」と求めてくる人に、私は「弱い人」あるいは「ケチな人」なんだなあと感じます。保証をされないと動けない、無駄になることはやりたくない、そういう人ということだと。あと、致命的に残念なことが一つあります。何かと言うと、こういう人は可愛がられません。指導者や先輩に、可愛がられることは加速して、成功するための有利な条件です。あなたには「可愛がられ力」はありますか。可愛がられる方法は、簡単。指導通りに、即「実行する＆報告する」のセットです。成功者は、素直じゃない人を割と早く、見切ります。忙しいのと、自分のメンタルを大切にするためです。

成功していく人は、とりあえずで動けます。ケチケチしていません。可愛がられ力も抜群です。憎まれ口も聞きません。先輩成功者の応援もします。

## ▼リスクとは、可能性の大きさ。ゼロリスク信仰は負け組。

「リスクはとらなきゃいけないんだよ！」これは忘れられない言葉です。あるカリスマ経営者の方とランチミーティングをしている際に、彼の部下から緊急で掛かってきた電話に応答した言葉でした。普段、スマートで丁寧な印象の彼から初めて聞いた荒々しい言葉で、私は本当に印象的で忘れられません。「経営は闘い」、「真剣勝負」、「勝つか負けるか」なんだと私に強く刻まれた瞬間でした。

辞書で「リスク（risk）」を調べると、「将来、悪い事象が起こる可能性」と記されていることが一般的です。はっきり言って、リスクが全くのゼロということは、程度の差こそあれ、私はそんなものはこの世にはないと考えています。外に出ると事故に遭うかもしれませんんし、食事をすると食中毒にもなるかも知れません。息を吸うだけで身体は酸化します。スマートフォンを見続けていると視力に悪影響を及ぼします。私は何かを得たいなら失うものがあるし、何かが犠牲になることは当たり前のことだと受け入れて、いつも臨んでいます。

あなたが**可能性を拡げたいと行動をすると、そこには必ずリスク**があります。私などは、まあまあ平気でリスクを引き受ける質なのですが、イマイチな人たちほど、リスクを取りたがりません。私がまあまあリスクを引き受けると書きましたが、それは脳天気に何も考えないで、あっけらかんとリスクをスルーし、目をつぶっているということではありません。私が会社員時代に受けた教育に「いつも最高と最悪の想定をしなさい」というものがありました。私は25年以上前に教わったことを今でも習慣として実践しています。何かする時には、それによって生じる最高と最悪（リスク）を想定します。そして、リスクに対して抽象的に不安がることを許しません。想定できる悪い事象の種類と、その程度について具体的にリストアップします。その上で、自分が引き受けられるリスクを決め、覚悟するようにしているのです。さらに、何も行動をしない、変化しない時のリスクも整理しています。うまくいかないで失敗しがちな人は、適切にリスクを取らないか、逆にわざわざ"飛んで火に入る夏の虫"の如く、自ら進んで危険や災難に飛び込んでいく、判断ミスをしています。そういう癖を持ってる人も不思議といます。

成功を掴むために途中、しばしばあなたの前に現れる邪魔者は、「怠惰」「不安」「一時的な感情」の三つの敵です。あなたにとって、大きな価値を産む動きこそ、リスクは大きくなるものだと理解してください。低リスクやゼロリスクでハイリターンという虫がいい話は、ありません。「リスクは、可能性の大きさ」だと私は信じて、試練に向かうようにしています。あなたが今までとは違う動きをして変化しようとする時、それを阻止して変化を止め、成長を阻止する最強の敵は「不安」によるネガティブ思考です。あなたを邪魔する常連さんではないでしょうか。リスクを引き受けて、新しい可能性に立ち向かう人にだけ、他人とは違うレベルの成果がもたらされます。ゼロリスク信仰者に、成功者も金持ちも天才も決していません。あなたがリスクゼロを選びたくなったら、それは、あなたが負け組の側に入っていくということです。

そして、リスクを取っている人は、格好よく、周囲から敬意の対象にも確実になっているものです。

## ▼結局、早く始めて、長く続ける人が勝っている

どんなビジネスでも同じです。年月が経てば経つほど競争相手が増えて、新しいアイディアの数は減ります。この「結局、早く始めて、長く続ける人が勝っている」という成功法の鉄則は、私の実感です。私は、２０１１年の夏から今日まで、お正月も出張中も一日も欠かさず毎日毎日、ビジネスブログを書いています。また、YouTube動画によるネット通販成功法の投稿もすでに５００本以上になっています。「ネット通販成功法」の情報をネット検索されると、私関連のコンテンツに接することは、とても容易なことでしょう。私が「ネット通販コンサルタント」と名乗り始めた15年ほど前、私の知る限りでは同じ名称を使っていた同業者はいなかったと思います。少なくともネット上では確認できませんでした。ですから、ネット通販コンサルタントを探している人にとって、

私は現在、老舗のポジションを取っていますし、オンライン上に存在しているコンテンツ量が圧倒的に多いことで安心感も与えることができています。オファーを頂きやすい状況になっているということなのです。

できるだけ早く始めることは、勝つために必要な条件です。先行者利益が得られるからです。ただし、これは絶対的な条件ではありません。やはり、いつの時点から始めるとしても「継続」の方が格段に大切だと私は確信しています。私の大好きなケンタッキー・フライド・チキン、創業者のカーネルサンダースさんは還暦を過ぎた65歳の時に起業しました。映画にもなった彼のビジネスでの成功は、継続的な行動によるものでした。フライドチキンの独自調理法の営業では、来る日も来る日もレストランを回り、何度も断られて、それでも諦めずに、成果を積み重ねていきました。成果を得た要因は、継続的な行動力に間違いありません。「チャレンジに年齢は関係ない」、何事も不安に感じず、行動し続けることが欲しい成果をあなたに近づけます。自分の幸せと人の役に立ちたいという気持ちを両方持って、あなたには、行動を始めてほしいです。そして続けてほしいです。私の経営者仲間でも、**大変困難な時でも、何とか頑張って、どうにかして、そこを切り抜け、続けている人たちは、みな成功しています**。彼らには決して力まない自信が、自然と溢れ出ています。それに、余裕とオーラを感じ取れます。いい人で、かつお金持ちの雰囲気ということです。

## ▼僭越えするために、やっぱり「あげまん」とだけ付き合った方がいい！

**「あげまん」**とだけ付き合った方がいいとは、私が常々意識している言葉で、前著でも述べさせていただいたところ、「夕刊フジ（産経新聞社）」や「5時に夢中！（東京MXテレビ）」でも話題にしてくださいました。改めて〝あげまん〟とは、どういう意味かですが、ほとんどの人たちは、肉体関係を持ったら男の運気を上げる女性のことだけを知っていると思いますが、もう一つ、他の意味で私は使っています。

「まん」とは、間（ま）の転化で、関西では人を評する時に「間が悪いわ」とか「いい間やな」などと表現します。状況に応じて、空気を読んで、適切な言動ができているかどうかです。〝あげまん〟とは、性別には関係なく、ポジティブに促してくれる人、気分をよくしてくれる人、一緒にいて勇気が湧いて来るような人のことです。

今、あなたが関わっている人達、つまりあなたの人間関係をリストにしてみるといいでしょう。そのリストの中に、あなたに対して、何でも否定的で、例えば「でも」を多用する人はいないでしょうか、話題が噂話の批判ばかりの人はいないでしょうか、一年前と今、知識やスキルが成長していない人はいないでしょうか。もしいれば、その人はヤバいです。あなたは、決して近付いてはいけません。良い影響を受けることもなく、あなたの足を引っ張る人、**「さげまん」**だからです。

環境はあなたに強い影響を及ぼします。「類は友を呼ぶ」の言葉は、真実過ぎる言葉です。これは、ＳＮＳの友達リストや「いいね！」している人達からも容易に確認できますし、街や飲食店でも観察できます。人は、自分と同じような人と仲良くなるものなのです。コミュニケーションが楽で居心地がいいからです。仲が良い人とは、食べるものもファッションも、遊び方も、もっと言うと体型や収入までも似ています。起業家の友達は起業家ですし、会社員の友達は会社員です。イマイチさんの友達はやっぱりイマイチさんです。これは本当に不思議な現象です。あなたの人間関係や環境は、あなたが自分で意識的に作るのがよいでしょう。「人選び」は、あなたの成功にとって、非常に重要です。

成功者の人間関係は、ほとんど成功者です。成功している人と最初付き合うのは、会話も外見も金遣いも自分と違っているため、居心地が悪く苦しいものです。しかし、我慢して、決してマウンティングすることなく、お手伝いという応援に徹して、関わっていると、あなたを可愛がってくれ、引き上げてくれることがあります。応援されるには、応援することです。加速して可愛がられる方法は、成功者の〝お客さん〟になることです。コンサルティング指導を依頼する、スクール生になる、セールスを受けたらチャンスだと解釈して買うことです。その時、あなたの支払い能力が困難な時は、それを伝えて相談することをお勧めします。門前払いされるのが当たり前なことですが、もしかしたら、その先輩成功者の人から何か前向きな提案を貰えるかも知れませんから。

そして、冷淡と想う人もいるでしょうが、「つまらない人」とは決別してください。助けてあげるタイミングは、あなたがうまくいって、億越えして、余裕が出てからです。

まずは、自分のことを大切にしてほしいと思います。

## ▼目標は、呪文のように朝晩2回唱える

私は起業前まで多くのことが三日坊主で、目標達成しない自分にコンプレックスを抱いていました。例えばジョギングも、日記を付けることもそうでした。何かやろうとやり始めても、続かない三日坊主の常連でした。従って、当然、色んな目標を掲げても達成していませんでした。コンサルティング指導をしていて、目標達成する人とそうでない人の違いを、よくよく観察してみると、目標達成できない人達の最も多い原因である、単純な特性を発見しました。それは、何かと言うと、目標達成できない人は「目標をいつの間にか忘れてしまい、目標を覚えていない」状況に陥っていたということだったんです。

なぜ、当初掲げた目標に向かって進んでいないのかは、目標を忘れるから。それではなぜ、目標を忘れてしまうのか。その原因は三つ考えられます。

第一に考えられることは、目標に対する動機付けが弱い。これは、「どうして、その目標にしたのか」の部分です。目的や意図が自分に腹落ちしていないと、「どうでもいっかあ」という感情が沸き起こって、目標に対して動こうとしません。それで時間経過と共に意識から目標が離れて行ってしまうのです。

二つ目は、忘れないように工夫していないからです。受験生の頃、あなたは部屋の壁やトイレに目標を貼るなんてことをやっていませんでしたか。原始的ですが、目標を忘れないためには張り紙をするのは有効です。パソコンの立ち上げ画面やスマホの待ち受けの画像に、私のクライアントのうちの何人かは目標を掲げています。

そして、最後の三つ目、決意の弱さも原因でしょう。その対処法として私が推奨しているのは、目標を毎朝・毎晩、口ずさんで、「呪文のように唱える」ことです。朝は、これからの一日への決意として、晩は、感謝と明日への決意としてです。

**「目標を忘れないこと」は、目標達成するために、とても基本的な重要事項**です。これは、もしかしたら、どんな困難な目標を達成するためにも奥義と呼んでいい、極意に当たるかも知れないことです。実に、シンプルですが。

## ▼成功法は一つではない、自分が結果を出せる方法を選ぶ

「成功する方法は、挑戦する人の数だけある」とは、楽天市場の三木谷浩史さんの著作『成功の法則92ヶ条』（幻冬舎）に記されているフレーズです。例えば、東京から大阪への行き方、実は無数です。しかしながら、今、新幹線や飛行機で直行することだけを思い浮かべた人は少なくないはず。それは、歩きや自動車、高速バスという手段のことだけを指しているのではありません。途中、どこかに経由することを加味すれば、天文学的数値で、向かい方はいくらでも存在するのですから。もし、あなたが「東京から大阪への行き方は？」を条件や制約がないにも関わらず、新幹線で直行すること以外発想できなかったとしたら、あなたはご自身を、かなり頭が固くなっていて、思い込みが強いタイプだと理解してください。「これしかない」という思い込みは、自分の可能性を狭めて、萎縮させてしまいます。うまくいかないで失敗する人たちは、思い込みで判断ミスを犯す傾向がしばしば見受けられます。

ネット通販で億稼いで、成功する手法について、私は経験と知識、直感と論理を踏まえて、ある一つの「勝ちパターン」を見つけています。ただ、私がいつも意識しているのは、このやり方しかないと思い込まず、合わない人もきっといるだろうとか、このやり方はいつまで通用するのだろうかと、常々考えながら、この勝ちパターンの運用をし

ています。この自分で自分に疑問を持てる源泉は「余裕」です。そして、「恐怖」を感じているからでもあります。

## ▼「読書と勉強」成功者は知識を増やすためではなく、変化するために

最もコスパがいいのは読書であることは間違いないでしょう。コストパフォーマンスが優れている理由は、自分自身では体験したことも検証したこともない内容を知ることができて、時には妄想で疑似体験もできますし、ビジネス書では先人たちの体験に基づく成功法を知ることもできます。それが、２千円以下というのだから、時間短縮という意味で、コスパは最高です。

しかしながら、読書に挑む時、決して犯してほしくない注意点があります。成功を目指す人なら、「知識を増やす」ことを目的として本を読んではいけません。あなたには、読書の為の読書をする、そんな悠長な時間はないと自覚をしてください。読書は、あなたに現在起きているか、今後起こるであろう課題解決のために行う、つまり、あなたに変化をもたらすために行ってほしい一つの作業です。本を読むにあたって、あなたがビジネスにおいて本気で成功したいと決意している人なら、本を読む量や速さなど、本質的ではない〞くだらない〞ことを自慢に思わないでください。私は、経営者の集まりで、

〝一日1冊以上年間で400冊〟読書しているとか〝1冊20分間で読了〟と自慢気な人と、何人か遭遇したことがあります。しかしながら、それらの連中には稼いでいる成功者はただの一人もいませんでした。おしなべて、学歴が高かった気がします。そういう人は、取得資格の数も自慢する傾向にあります。ズレてしまっている人です。彼らは、本を読むのが目的と化している残念な人たちです。

また、彼らには、さらに残念な特徴があります。それは、本の「評論家と化している」点です。テレビや新聞記事を読んでいて、事件などに評論家が登場することがありますが、彼らは決して問題を解決しません。ビジネスをやっている人が、時間を使って本に接するわけですから、本に書いてある事と自分を掛け算して、どう自分に活かしていくかに脳みそをフル回転させるのが、あなたのために良さそうだと思いませんか。評論家でなく、実践者・行動者にならないなら、いくら知識があったとしても、京都弁で言うところの〝ボンクラ〟だと私は思ってしまいます。

何冊読むか、有名なタイトルを読んだことがあるか、速読できるか、成功するための読書とそれらは全く関係なく、無意味です。そして、月並みですが、本を一冊購入したとしても気乗りしなければ、途中で本を読むのを中断してしまいましょう。最後のページまで、全部頑張って読まないと〝もったいない〟という感情は、稼げない貧乏性の人たちの代表的な特長です。食べ物でも、セミナーでも、質ではなく量にこだわってしまう人達です。食べたくないのに、もったいないから食べる、そんな本の読み方は絶対にしない方が、精神衛生上にも、時間コスト的にも良さそうです。そう、お金よりも時間と気分を大切にしてください。

勉強も勉強のためにやらないでください。何か自分がビジネス上で抱えている課題点を解決したり、不足点を埋めたりするための勉強が、稼ぎにつながります。成功者の人達は、みな本当に勉強しています。そんな時間、どこにあるのか、と言いたくなるほどです。通販ショップの経営者は、ネットマーケティング、SEO、コピーライティング、デザインマーケティング、景品表示法などと、自らが販売する商品に直結する分野の勉強、例えば、コスメの販売をしているなら皮膚についてや女性特有の行動経済学などは当たり前に学んでいます。無論、税務や会計については言うまでもない話です。本を読んで、その出来を無意味に論じたり、他のネットショップの悪口を言う暇なんて、全くありません。

そして、勉強会やセミナーの選び方のコツをお伝えしておきます。それは「内容」ではなく「人」です。主催者と講師が「誰か」ということで、私は決めていました。あなたの成功を加速させる為には、付き合う人が誰かはとっても重要です。先輩成功者とのコネ作りは、お金を払って参加するのが、手っ取り早い。内容が、あなたのタイミングとはズレていたとしても、会いたい人に会いに行く発想で、勉強会やセミナーを選ぶという考え方です。

### ▼成功法則は「全部やれ！」

あなたは、あなたの目的や目標の達成に必要なことを、全部やってください！

私がわざわざ何でこんな当たり前のことをお伝えするのか、その理由は、多くの人が〝全部は〟やらないからです。

欲しい成果を得られていない人は、スキル不足というよりは、怠惰なナマケモノです。必要な準備を全うした上の結果なら、スキルのクオリティーの差やめぐり合わせの「運」が影響していると言えるかも知れませんが、成功していない人は、単純に、準備不足です。努力不足なのです。劇作家ヘイウッドは「猫は魚を食べたいが、足をぬらすのは嫌だ」という格言を残しています。あなたの過去は、こんな猫になっていませんでしたか。欲しいものがあれば、するべき努力や準備、作業があるはずでしょう。これからは、川に潜る猫になってみませんか。

明治から昭和の実業家で日産自動車、日立製作所などを傘下におさめていた日産コンツェルンの創設者・鮎川義介さんは、

**「努力だけで過去の事業が成功してきたかというとそうではない。やはり、これに運が**

**プラスされている。しかし、努力のないところには絶対に幸運は来ない」**と話したそうです。するべき努力は、運を引き寄せる前提なのです。

これまで私と出合い、またメールやメッセンジャーで話したのにもかかわらず、うまくいかなかった人達は、みな「なるべく努力を減らしたい」というケチな発想の持ち主だったと想います。成功者が本やコンサルティング指導で示している成功法は、その成功者がその何倍何十倍もトライ＆エラーを繰り返した結果、出来上がったものです。彼らは、それだけをやって、たまたま成功したという訳ではありません。ですから、その時点でその成功法は、かなりシェイプアップされていて、無駄な作業は削ぎ落されている状態になっています。それを、まだ成功法を自分で作れていない未熟な者が、減らそうとするのは生意気で、ナマケモノという感じです。

結果的に、成功を手に入れる人の努力への向かい方には、ある覚悟があります。それは、「努力すれば、必ず欲しい結果が出る訳ではない。しかし、努力しなければ望む結果は決して出ない」と理解して、目標達成のために必要な努力を着実に積んでいきます。努力に必要な要素は二つです。何をするかの〝選択〟と、その実践〝量〟です。うまくいかない人は、まず正しい選択をしなくてはいけません。ただし、これだけでは不十分です。「量稽古」も必要になります。広告を1本出せばヒットする、YouTubeを3日間アップすれば劇的な集客ができる、ブログ1記事で問い合わせが殺到する、インスタグラムやTwitterでの発信をしたらバズる、そんなことは普通起こりません。続けて「量」を重ねることが必要です。結果がすぐに出ない時でも、自分が選択した手法を即否定するのは時期尚早というものです。さらに、時間をかけて、量を積むことを頑張ってください。

そして、「続ける」工夫は必要です。努力を長続きさせる「自分マネジメント」です。例えば、私が現在、自分に課しているルーティンは、毎日必ずコンサルティングの予習をすること、ブログを毎日書くこと、月3回はフィットネスに行くこと、YouTube動画を定期更新すること、くらいです。私はそれぞれに対する成果を得るために、最も重要で欠かしてはいけないと決意していること、それがまさに「継続」です。

そのための、これらへの工夫として「〝まずは〟クオリティーにはこだわらない」、とにかく、続けることだけを自分のミッションとしています。クオリティーには取り敢えずこだわらないという〝気楽さ〟を自分ルールとしているので、私はずっと続けられています。考えてみてください。あなたが何かをしようという時、初めからクオリティーに超こだわって、疲れてしまい、続かなかったということはありませんでしたか。慣れてくると、不思議なもので人間には欲がありますから、継続しながら少しずつクオリティーにも気を配れるスキルがついてくるものです。

先ほど、「努力しても必ずしも欲しい〝成果〟は得られない」と述べましたが、**「努力**

**すれば必ず〝人生〟の役に立つ」**とは考えています。縁あって、私の読者としてつながったあなたに、私はぜひ、愚直に必要な準備を進めてもらい、僭越したり、幸せになってもらいたいと想います。「晴れた心」の人生を達成してほしいと想っています。

# 第4章

# 1年目に身に付けておきたい「お金と時間」の使い方

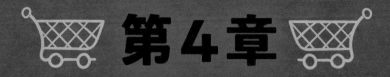

# ルール4

# 億稼ぐ人は、常に「目的主義」でお金と時間を使っている

## 成功する人は「野望」と「お金」が大好き

この本の読者の方は、高校や大学に合格しているか、自動車の運転免許証を取得していたり、また、優秀な方はもっともっと難関と言われている資格を有していたり、試験を突破している人もいるでしょう。受験に際し、あなたは事前の勉強、対策をされたと思います。受験勉強、自動車学校、資格や試験の対策講座や参考書を用いたはずです。

それなのに、お金を稼ぎたいという時に、ほとんど多くの人は「お金についての勉強」を全くしません。けれども、お金を欲しいだけ稼げてお金持ちになっている人は、お金についての勉強をサクッとやっています。ここが、お金持ちになれる人とそうでない人の発想の違いです。お金とは何か？　ここを知っておくと、お金に対する重苦しいイメージが払拭できます。

お金とは何か、勉強すると、単なる〝交換ツール（道具）〟だということが分かります。昔、物々交換をやっていた時代があったようです。時が進んで、世の中に物やサービスが増えてくると、物々交換は、とても煩わしく不便になりました。そこで登場したのが「お金」です。**そうです、お金は、単なる道具なんです。**

私は、こう理解してから、面白いほどに、どんどん稼ぐことができました。なぜでしょうか？　お金に対する貴重で重厚な神々しいイメージが解けて、メンタルブロックが外れたからです。そして、稼ぐために資本主義経済を学んで、どうすれば効率よく、より多くの量のお金が自分に移動してくるかの答えを探しました。私が到達した答えは、単純です。**「自分の経済活動のコスパを良くするに限る」です。すなわち、「高利益率」「高リピート率」、そして「拡張性」のある仕事をする**、という仕事への考え方です。

〝長い時間、労働するのが美徳〟そういう価値感からは、あなたには退いてほしいです。最初からすんなりと理想的な姿にははっきり言ってなりません。しかし、それをめざしながら自分をブラッシュアップしていきます。

お金をより効率よく稼ぐことを実現するのに、お金に対するイメージや価値観は強く影響しています。お金は道具ですから、その道具との付き合い方（使い方、稼ぎ方）を決めてしまうと、楽です。お金持ちになる人は、野望を抱いています。強く強く成し遂げたいこと、すんごく欲しい理想、これが野望です。自分にとっての究極の快適さを求めるということです。この野望や理想、快適さをお金というツールと交換して、手に入れようという思考がお金持ちにあって、貧乏な人にはありません。お金持ちになる人は、自分の〝気分を良く〟するために稼ぎますし、お金を使います。いい気分を作る道具がお金なのです。お金があると余裕が出て、その余裕で人相（顔つき、オーラ、雰囲気）が良くなると、結果として、更にお金を稼げます。これが、**「お金は後から自然と入って**

**くる」**という現象なのだと、私は数年前に腑に落ちた瞬間があったことを、今でも覚えています。

億稼ぐ人は、野望を手に入れるためにお金を稼ぎ続けます。そして、野望とお金を交換します。野望とは、自分の欲であると同時に、顧客のため、社会のためになるものです。億稼げる人は、お金を大それたものだと崇《あが》めません。当たり前です。お金は神様ではありませんから。**お金持ちになれる人の敬意の対象は関わる「人みんな」です。**

## ▼時間を確保することが、成功へのはじめの一歩

もしあなたが私に「時間がありません」と言ったとしたら、それは〝やる気がありません〟と同義で、助けることができない領域です。時間がないとは、何かにつけ断る時の最強のフレーズです。コンサルティング指導をしていて、クライアントが課題を遂行しなかった理由として「時間がない」と使ったら、私は表面的にはもうお手上げ状態です。ただ、本当は知っています。これは、単なるいい訳で、時間を作るのがただ下手くそなだけということを。

あなたの事態に大きく影響を与えることは、重大事項です。重要なことには、あらゆる工夫をして、時間を確保することって、何が何でも必要ではないでしょうか。例えば、

私の時間の産み出し方を紹介します。それが数週間から数カ月間の短期間集中で行うべきことであれば、その時間を確保するために、一つか二つ、その期間だけやらないことを決めます。クライアントから請われて、そのネットショップ全部のコピーライティングをした時には、夜の外食を書き上げるまで止めました。そうすると、夕方からの時間が確保できたばかりでなく、気分のいい朝の時間も増えて、作業はとんとん拍子で進みました。

日常のルーティン作業の所要時間も減らす工夫を習慣化しています。Eメールの確認と返信は、早朝の一度しかやりませんし、メッセージアプリの確認はfacebookとLINE、そして楽天バイバーとを使い分けていて、それぞれ確認頻度を決めています。それで、問題がないかと言えば、大きな問題になったことは一度もありません。私の周りには滅多にいないのですが、人と会っている時も、何かのミーティング中やセミナー中でも、頻繁にスマホの通知音やバイブが鳴動しては、中身を確認している人がいますが、こういう人には誰一人として稼ぎが良くて、成功している人はいないものです。

私がここで言いたいことは、どんなやり方でもOKです。それがあなたの目的達成の邪魔になっていないのなら、頻繁にメール確認してもいいですし、メッセージを見たって、それ自体は構わないです。ただ、あなたは「自分の時間を大切に」する方がいい、ということです。なぜなら、堀江貴文さんが言うように**「時は、命」**だからです。

人と会うスケジュールがスカスカだと不安というのは、自立していない稼げない暇な人です。自立して、主体的に自分の目標に進んでいる人は、そんなにも人と関わっている暇はないというものなのです。

## ▼「ON—OFF」の発想は負け組

あなたの人生の目的は、何ですか？　その目的が、ネットショップの運営を通じて成し遂げたい、あなたの野望と合致していると、ネットショップの運営はきっと楽しく、前向きでもあり、モチベーションも高位安定しているはずです。ONとOFFのメリハリをきちんとつけた方がいいという労務コンサルタントもいるでしょうが、私はこれには真っ向異論を唱えます。なぜなら、この考え方には「ONさせられている」という発想、やらされている感が充満しており、嫌々ながら半ば強制的に働かされていて、だから仕事とは明確に一線を引いて過ごす時間が必要だという土壌が基盤になっている考えだからです。それに、人間の頭も心も、ONの時、OFFの時って、そもそも分けることなんかできないじゃないですか。稼げている成功者は、常時、仕事のことを考えています。絶対にスイッチを切ってOFFにすることなんてあり得ません。例えば、私なら食料品を買いにスーパーマーケットに行っても、商品の表示やレイアウトを見ますし、お買い物をしている人達のちょっとした反応なんかも、面白く感じるので見ます。また、プロ野球を観戦しに球場に行っても、ショップや売り子さんに「あぁ、今のは素晴らしい接客だったな。××ドームとは全然違ってるよ」とか、「なんで野球は、毎試合毎試合、どの球場も3万人とか5万人とか集客できるんだろうか。他のスポーツでも、コンサートでも、イベントだってできないよな」とビジネス視点も含めて接してしまいます。それは、誰から強制された訳でもなく、自動的に働く私の機能です。無論、全く疲れません。私の先輩経営者には、新幹線のグリーン車で手渡される〝おしぼり〟サービスを自身で運営しているセミナーの接客として導入し顧客満足度をアップさせた人がいますが、これができるのはスイッチをOFFにしていなくて、アンテナがビンビンに働いていたからでしょう。

ただし、成功者の人たちは、必死にやみくもに労働をしていません。効率がそんなにも良くないと知っているからです。彼らが四六時中やっているのは「考える」ことです。何を考えているかと言えば、〝もっと、コスパが良くならないか〟です。これは、深い意味です。今まで以上の結果を、今まで未満の労力で産み出せないかと、来る日も来る日も考えているのです。どんどん忙しくなる、どんどん支出が増えるのは、パーキンソンの法則ですが、貧乏性の人の典型なのです。

勝ち組は、やらされている感がないので「ON—OFF」の発想がありません。たまに、サラリーマンの人から「明日はお休みですか？」と尋ねられることがあるのですが、私はこれにはいつも違和感を覚えてしまいます。「趣味は何ですか？」にもです。いちいち、**就業日と休業日を分ける発想もないし、ビジネスと趣味を区分けする思考もありません**から。それに、仕事はからきしできないのに、趣味では抜群て、格好悪くないですか。

## ▼成功者は睡眠にこだわる

「徹夜で頑張ったんだよ」と言っている人がいたとしたら、「私、要領が悪いバカなんです」と宣言しているようなものですから、万一、あなたが徹夜した時は、成功している人には隠しておいた方が無難ですよ。「忙しい、忙しい」と多忙を自慢する人もいるようですが、成功者は実はそんなにも忙しくはありません。もし私がそう言ったとしたら、その場の空気を読んで〝いい加減〟に発言しているか、そういうポーズをとって、その相手を寄せ付けないよう予防線を張っているという感じに過ぎません。「自分の時間」を大切にするこだわりからです。

**一日の活動は、睡眠の後からスタート**されます。ですから、あなたにとって、その日一日、より良いパフォーマンスのために睡眠はとっても重要な作業工程なのです。質の高い睡眠の確保には、執着しましょう。質の高い睡眠は、体力を十分に回復させてくれて、その一日〝いい気分〟と〝集中力〟を助けてくれます。時間は、自分にとって必要な量です。私などは、長年に渡って、ショートスリーパーと呼ばれるくらいの時間しか眠っていません。面白いことに、自分にとって必要十分な睡眠時間でしたから、この状態の私を〝ショートスリーパー〟と称されることすら、私はつい最近まで知りませんでした。大体、一日4時間くらいで、目覚まし時計はセットしません。睡眠中は、ぐっすりで地震が起きても気付かないくらいです。移動中も、ほとんど寝ませんし、ましてや会議中に寝落ちするなんてことは皆無です。『寝たら死ぬ、頭が死ぬ』（きずな出版）という本がありましたが、私の心境も類似で、やりたいことが沢山あって、そんなに寝たいと思ったことがありません。睡眠の質を高める対策として、私が実践し、お勧めできるのが〝糖質制限〟です。晩御飯に糖質を摂った時とそうでない時の翌朝の身体の重さ、軽さを実感している成功経営者は少なくありません。朝、身体も気分も軽快な状態を、意識的に創るのも成功への自主トレーニングです。

## ▼一日12時間スマホの電源を切る人がうまくいく

結論から申します。私はあなたに**「スマホなんかに、振り回されるな！」**と言いたい訳です。博報堂ＤＹメディアパートナーズ・メディア環境研究所の発表によると、２０１８年「スマートフォン所有率（東京地区）」は79・4％ということ。スマホは、本当に素晴らしい〝道具〟です。スマホは、〝世界への入り口〟であるということは間違いありません。あなたの語学力や検索能力、読解力次第で、欲しい情報の多くに、素早くたどり着くことができますし、連絡手段としても記録媒体としても便利です。しかしながら、〝スマホ依存症〟（スマートフォン依存症）の状態に陥ってしまうことには、意識的に注意してほしいと思います。スマホ依存症とは、「スマートフォンの使用を続けることで昼夜逆転する、成績が著しく下がるなど様々な問題が起きているにも関わらず、使用がやめられず、スマートフォンが使用できない状況が続くと、イライラし落ち着かなくなるなど精神的に依存してしまう状態」（東邦大学医学部精神神経医学講座）。そして、驚くべきは、２０１３年の調査で、成人のおよそ４２１万人にスマホ依存症は発症しているとのこと。

あなたは、自身の目的と目標を達成しようとする志ある立派な人です。スマホを上手に、ビジネス向上と人間関係醸成のために活用してください。例えば、何かを判断するための情報を取得するため、あなたや自社の価値向上のため、売上アップのため、そして必要な連絡手段のため、道具として活用してください。何となくのネットサーフィンやゲームなどに時間を浪費している場合ではありません。私は、夜寝る時、枕元にスマートフォンを置かないようにしていますし、しょっちゅう〝機内モード〟にしていて、ネット環境から自ら外れます。それは、アプリの通知機能が鬱陶しいからです。もちろん、通知設定をONしているアプリは、数える程度しかありません。その通知機能も夜間の特定の時間帯は、通知されない設定にして、スマホとの距離感を自分で上手に調整しています。もしあなたが、今現在、少しでもスマホに振り回されている傾向がありそうなら、意識して、規律を設けるのは悪くないのではないでしょうか。

〝時間制限アプリ〟は、設定した時間内はスマホに利用制限がかかるアプリです。こんなものも、あなたの成功のために、道具の一つとして活用してみるのはいかがでしょうか。とにかく、スマートフォンをはじめとするデジタル機器は、上手に使えば、確実に中小企業や個人の生産性を上げてくれる便利な道具となるのですが、振り回されて副作用が出ないように注意してください。スマホ依存症は、れっきとした病気ですので。

### ▼成功する人は、お金と時間の使い方に後悔しない

あなたの時間は有限です。「あなたには、あと何回、桜の下でお花見をする時間が残されているでしょうか？」私は、80歳までに、あと30回を切っています。生命は有限、もたもたしている暇はありません。本質的でなく、重要でもなく、自分に関係ないことに

お金や時間、気持ちを費やすなんて、もったいないとは思わないですか。後悔するという行為は、気分がモヤモヤして気持ち悪いです。体調まで悪くなります。私のクライアントで精神科医のNさんから「ストレスが一番身体には良くない」と教わったことがあります。気分を良くすることを意識的に行ってほしいと思います。

ビジネスオーナーの仕事とは、

**・お金（資金）の調達**

**・お金の使途の選択**

**・お金を使うタイミングの決定**

だと断言できます。これは、政治家の仕事とも同一です。結果的に、できるだけ正しかったと言える「お金と時間の使い方」をするポイントは、目的に沿い全体像から部分を考えて、長い目から目先のことを考えて、使途とタイミングを判断することです。何となく「いつかこうしたい、こうなったらいいな」ではなくて、先を見据えて、今を楽しみながら将来のために、早く始める、そうすると将来、欲しい成果を得やすくなると私は考えて、毎日、様々な決断を重ねています。毎日の決断とは、大それたことばかりではなく、日常の些細なことの方が多いです。何を食べるかもそうですし、どの本を読むかもそうです。もちろん、時には、とても大きな金額を使うかどうかの判断もしています。欲しい結果を得るために、優先するべきは何か、捨てるべきは何か、タイミングは適切か、を全体像から考える日々です。

そう生真面目に判断した上で、お金を使う時には「まあ、無駄になっても仕方ない」という気持ちと、一方では真逆の気持ち、「絶対に無駄にしないぞ」の両方を抱いて、私はお金を使っています。お金を使った分は、取り戻そうという算段を立てて、具体的な活動をします。営業をして、クライアントを増やしたり、新事業を始めて収入源を増やしておくなどということです。経営を続けていると誰もが知っていることですが、物事が理想通りに進むというのは、確率的に非常に高くても50％以下です。二回に一回は望まない結果になるものです。ビジネスは、トライ&エラーの連続、不確実なものです。

行動した結果、そのお金と時間に対して後悔しないようにするには、**全ての選択・決断を自分自身に〝腹落ち〟させておく**こと以外はありません。究極、無駄遣いをしたっていいんです。「無駄になってもいいんだ」と覚悟していれば、後悔をして、気を病むことにはつながりませんから。ストレスを減らす工夫をして、「いい気分」を得るようにする方が稼ぎやすい体質になります。

## ▼億越えの「時短」、それは成功者にお金を払って教えてもらうこと

**〝車輪の再発明〟**はしない方がいいのではないでしょうか。車輪の再発明とは、成功

者の間で広く使われている慣用句でWikipediaでは「広く受け入れられ確立されている技術や解決法を知らずに（または意図的に無視して）、同様のものを再び一から作ること」と説明されています。要は、もう誰かが作ったものがあれば、それを活用するのが無駄なく、失敗もしないのではないか、という考え方のスタンスを言っています。スポーツ、芸能文化も、ビジネスや投資、あるいは子育てや受験、その他あらゆる分野で、あなたよりも良い結果を残した先輩成功者がいる訳ですから、どの分野であっても成功したければ、自分でゼロから学習や研究、試行錯誤をしなくても、成功者から学んだ方が絶対に早いですし、失敗確率を減らせますし、大失敗を回避できる確率を上げられるというものです。

ビジネス書、セミナー、コーチングやコンサルティングにお金を〝代金〟として支払って教わる、これは早いです。経験や価値観が自分とは相違していたり、別格の人と出合うことで、あなたに気付きがあるはずです。そして、あなたは、そういう先輩成功者には〝素直に〟「教えてください」と申し出るのが良いでしょう。先輩は、教えたくて、教えたくて、たまらないものです。私たちは、幼少の頃から今まで、野球やサッカー、ピアノや書道、英語、受験勉強、運転免許証の取得、とても広範囲で、技術向上のために、入学許可を得るために、資格取得のために、お金を払って教えてもらってきました。それなのに、なぜか自分の暮らしと目標達成に直結しているビジネスのためには、なかなかお金を使っていないのではないでしょうか。むしろ、大人なら最も投資するべき分野であるはずなのに……。

## ▼最もコスパがいい投資対象は「自分」

唐突ですが、あなたにお尋ねします。あなたは、

・消費家ですか？
・浪費家ですか？
・投資家ですか？

これは、時間とお金の使い方の気質の話です。少数派の**成功する人は、誰もがみんな投資家気質**です。投下した時間とお金に対して、できるだけリターンを得たいと欲を抱いて、努力をしています。大多数の人は、必要なものに対して仕方なく時間やお金を使う消費家で、無駄な時間とお金を垂れ流す、極少数のどうしようもない浪費家もいます。

投資をしている人の多くが知っている言葉に「トレードオフ」があります。意味は、〝両立できない関係〟や〝得失評価〟という感じで、「一方が良くなれば、他方が悪くなる」、つまり何かをする時の代償を言います。投資家は、アグレッシブかも知れませんし、欲深いかも知れません。とにかく、前向きです。消費家は、代償が大嫌いですから、

増やそうとか前進しようというよりは、なるべく減らない方がいいとか、前進しようとして危険にさらされるよりは停止しておこうとか、あるいは後退して安全を求めたがります。これが、ビジネスで成功する人と雇用されている人とで鮮明に表れる気質差です。

投資をしようとするなら、一番信頼ができて、コントロールが効く対象は「あなた」自身です。自己投資の一次的目的は、自分の「世界観」、幅とも言えますし懐とも言える、この世界観を拡げることにあると私は考えています。世界観が拡がると、視野が広くなるので、物事に対して俯瞰して全体像を見やすくなったり、より本質を捉えるようになります。

では、何に投資するのが良いかと言うと、やはり目的達成に影響を及ぼす割合が高いものがいいでしょう。その筆頭は、**健康**です。食品、医療などの分野です。私たちの身体は口から入った物で出来ていますから、口に入れるものの食品は、意識的に体に悪影響がすくない物を選択することが良さそうですし、医療面は病気になってからではなく予防医療にお金をかける方が、苦痛が少なくなるので、お勧めします。

次には、**知識と情報**です。学びの分野です。本や勉強会、コンサルティングの面に私は、起業して軽く10年以上経過していますが、今でもこの分野への投資は続けています。本は、Amazonで毎日のように注文しています。それに、紙の新聞を2紙と、毎月10冊のビジネス書の要約だけが記された『トップポイント』（パーソナルブレーン）、私の専門分野である『月刊ネット販売』（宏文出版）は、もう長期に渡って定期購読を続けています。定期購読は、自分の関心が薄いテーマについても接触できるチャンスを得られるので有難いです。知識と情報の蓄積は、判断ミスの予防に役立ちます。あなたの過去における判断ミスは、知識不足や情報不足にあったと心当たりがあるのではないでしょうか。詐欺に合ったり、不利な取引を承諾してしまうのも知識や情報の不足が一因です。学んで、知識や情報があれば〝損〟しないで済んだり、〝得〟したりします。無知は、お金の無駄遣いの原因にもなります。

そして、最後に自己投資するべきは、**人に**です。これは、あなたの人間関係を作っていくためです。「人脈を買う」という発想です。はっきり言います！「ビジネスは〝コネ〟です」。ネット通販ビジネスで成功するのも、人間関係がとても大切です。あなたが買うべき対象は、あなたより「上の人」「先を行っている人」に限ります。本を読んで、テレビを見て、YouTubeを見て、その人物に感銘を受けたり、学んでみたいと少しでも感じたら、ダメ元でどうにかして、会えるように具体的な努力をしてみることです。ただ、相手からしてみると、突然eメールやダイレクトメッセージが送られてきても、見ず知らずのあなたに簡単に会ってくれるものではありません。その相手にメリットがない訳ですから。あなたも成功したいなら「戦略家」でなくてはなりません。相手に恩を売る作戦は有効です。有料セミナーに参加する、高額塾に申し込む、コミュニティの有料会員になる、他に、書籍を１００冊買うなどをした上なら、むしろ相手にとって、あなたは「お客さん」ですから、ｅメールやダイレクトメッセージにも返信をくれるでしょうし、もしかしたら食事も一緒にしてくれるかも知れません。ちなみに、これらの作戦は全て私が実践したことで、結果的に超有名人の何人かとの人脈も作ることができて、実際に私のビジネスの売上げ増大に役立ちました。

最後に、あなたは重々分かってはいると思いますが、念のために。自己投資した時間とお金を具体的な成果、例えば集客数ＵＰ、コンバージョン率ＵＰ、客単価ＵＰや取引先の開拓、資金調達、出版の実現などを果たすためには、必ずあなたが動かなくてはいけません。動かなければ、新しい追加の価値は決して産まれません。ただの自己満足や浪費に成り下がってしまいますから、注意をしてください。

## ▼女遊びは、最強の学び

大きな声で言うのは憚《はばか》られますが、私が知る限り、成功している経営者ほど、遊んでいると想います。「英雄色を好む」という古い言葉があります。豊臣秀吉やナポレオンが例えられるのが定番ですが、英雄は何事にも精力旺盛であるから、異性を求める傾向も強いという意味です。また、ドイツのデートサイト「eDarling」による2万人規模の調査で、〝収入の高さと性欲の強さは正比例〟だという結果が発表されています。

成功する人、たくさん稼ぐ人は、エネルギッシュで行動的です。また、なぜ成功者は、そもそも、どんな動機から成功したいと考えたか？　これは、言わずもがな、モテたいからという理由は実に多いです。モテたくて、成功したい。成功して、人生を一発逆転したい！　モテて、見返したい。そういう気持ちが発端となっている成功経営者は、とても多いものです。公の情報としては出回り難い内容ですが、成功している人は、男でも女の人でも、結局のところ「モテたかったから頑張った、成功したかった」と、内輪の呑み会ではしばしば話題になります。

成功者は、好奇心が旺盛です。だから、相手を、より理解しようと自動的にアンテナのスイッチがONになります。女性と会うと、ヘアスタイルやメイク、洋服、時計とアクセサリー、バッグや靴に視線が素早く動きます。自分の話よりも、相手の話をよく聴きます。ショッピングに一緒に行けば、陳列商品に対する女性の反応を逃すまいと神経を集中させて、観察し、洞察力を働かせています。だから、成功している男性経営者は女性を褒めるのも上手です。変化やお洒落ポイントに気付いているからです。相手を喜ばす能力に長けています。男性経営者が、女性マーケットで勝つためには、女性を理解することは不可欠だから、女性に強い関心を抱かざるを得ません。人間観察能力が鋭いです。これは、有名な孫子の兵法の「彼を知り、己を知れば、百戦して危うからず」の実践です。意味は、戦いで、相手のことと自分のことを熟知していれば負ける心配はない、ということです。これは、ビジネスにおいても全く同じですね。買ってもらえなくて、稼げない経営者は、関心の対象が自分（自社商品）にばかりで、顧客（マーケット）に向いていません。女性を振り向かせるためには、女性の生態を知る努力をして、情報を得ることが、自分のことを知ると共に第一歩でしょう。同様に、**あなたは、ターゲットに関心を強く持って、どんな状況をあなたが仕掛けとして用意すれば、買ってもらいやすくなるのかを追求しましょう。どうすれば〝売れるのか〟ではなくって、どうすれば〝買ってもらえるのか〟の意識が大切**です。

## ▼「即レス」はするな！　危険過ぎる

即レス、間髪入れずにレスポンスすること、連絡が入ると時間を置かず、一目散に返信することが、とても良いこととして、世間に蔓延しているようですが、成功者は実のところ、即レスするべきでないことには、即レスせず、数日後に返事をするということがザラです。私は、自分のクライアントに「原則、即レス禁止」を申し伝えてあります。なぜなら、その理由は、ちゃんと考える時間を確保するためです。全てにおいて即レスしても問題がない人は、超優秀な人だけです。９割の人には、その判断能力的に、即レスしてはいけない用件が必ず含まれています。ビジネスは他人との関わり合いです。安易な連絡は、一時的な感情が先行して、よくよく考えたら即レスした内容は本意ではなく、望まない事態になって困り果てる、また修正や訂正が繰り返されると、相手は混乱するばかりでなく、その人からの連絡は当てにならないものと、あなたは信頼できない人だとラベリングされることにも繋がってしまいます。

即レスするべきことと、じっくり考えてから返事をするものとに、頭の中で自動的に振り分ける習慣付けをしておくことをお勧めします。即レスすべき連絡は、すぐに返事をしないと自分にも相手にも損害が生じることと、そのやり取り自体が仲間内の意見出しのような正式ではない意味合いの場合もです。そして、大勢に影響しない重要度が低いことも即レスOKです。逆に、即レスするべきではないのは、確固とした自分の想いや考えを甘えが許されない、いわゆる他人様に伝える場合です。相手からの問い合わせや意見に対して、自分の考えが直感的に浮かんだとしても、時間を置いて、本当にそれを相手に伝えてもよいかどうかを検証した上で、レスを行います。相手を待たせても大丈夫なのか心配になる人も多いと思いますが、大丈夫です。あなたからの返事が速攻でないことで、相手が倒産してしまうとか死んでしまうということは、ほとんどありません。もし相手からクレームがあったとしても、それは単に、その人が待ちたくない、とにかく早く、答えを得たいという自己満足が欲しいだけのことですから、そういう場合、私はいつもこう切り返していますので参考にしてください。「即レスさせていただいて、後々ご迷惑をかけるのと、一日だけ待っていただいてご迷惑をかけないのでは、どちらがよろしいでしょうか？」と問いかけます。すると決まって「待ちます」と回答を得られます。また、相手に対して、あなたは〝いつも即レスの人〟だと認識されると、いつも即レスしなくてはいけないポジションに定着してしまいますから、知り合ったばかりの時期に、即レスしないように気を付けて、あなたは相手の印象操作をすると、後々「楽」です。

成功し続ける人に有って、いつまで経ってもうまくいかない人にナイものが、「余裕」です。余裕とは〝ゆったり感〟です。いいアイディアを創り出そう、喜んでもらえる接客をしよう、良い人間関係でいよう、余裕があると、人は自然と優しくなれます。私は、ビジネスが、ある程度うまくいっていたある日、恩師であるＭ先生から「優しくなりましたね」と言っていただいたことがありました。そうです、私は色んな人や状況を許す余裕が出来ていたのです。余裕やゆとりが、成功を生み、成功がさらに余裕を増幅させてくれます。お金持ちが、さらにお金持ちになる構造がここにあります。あなたが、まずできることは「やらなくてもいいことを、やらないと決意し実行する」ことです。**人間関係を見直す、無駄な集まりに参加しない、即レスしない、**このたった三つを実践するだけでも、あなたは変わります。意識を変えるだけで、時間と気分に余裕が現れます。

余裕ができると、じっくりと考えたり、新たな動きが可能になります。〝なんで、あの時、あんなおかしな選択をしてしまったのだろうか〟という気付きも、時間と気持ちに余裕があると起こってきます。時間と気持ちの余裕を作るために、即レスしないパターンも意識的に作ってみてはいかがでしょうか。

## ▼うまくいく人は、準備に時間をかけて、作業に時間をかけない

私は料理をすることが得意です。短時間で割と美味しく何品も作ることができます。そのコツと仕事の運び方は、全く同じです。コンサルティング指導の資料を作成する時も、ホームページを制作する時も、商品開発をする時も同様です。どんな進め方をするかと言えば、こんな手順です。

**(1)ゴールの設定**
**(2)材料の用意**
**(3)手順の決定**
**(4)作業**
**(5)出来上がり**

料理でも仕事でも、要領が悪く、出来がイマイチになったり、失敗してやり直しにな

る人は、決まって、この手順を踏んでいません。まず、全体像から部分を考えて、段階的に進めて行くことをやっていません。料理なら、まず、（1）何をどれくらいの量を作るかを決めて、（2）その料理をするのに必要な食材、調味料、器具、食器などを用意し、それから（3）洗う、切る下ごしらえをする等も含めた手順を決めて、それから（4）実際の作業に入って（5）盛り付けをして出来上がる訳です。これは、いつもやっている人にとっては当たり前のことで大したことではありません。しかしながら、出来が悪い、遅い、キッチンを必要以上に汚したり散らかす人は、最初に考えたり、準備をしていなかったりします。食材に火を付けながら、必要な調味料を思い付いて、それを探しているうちに火が通り過ぎてしまうといった具合です。調味料があれば、まだマシですが、この段階で買い忘れていることが判明するという場合もあるでしょう。

ホームページやショッピングサイトの制作も同様で、結果的にうまくいかない人は、みな準備をしないまま、パソコンに向かって、制作実務の作業に入ってしまいます。売れるページ、アクセスする人にとって分かりやすいページを作る人は、丁寧な準備をします。準備に時間をかけます。ページやサイトの目的やターゲットを設定した上で、この全体構成から作ります。その後に、必要な材料である画像、コピー、デザインの方針などを用意します。ここまでが制作実務前の準備です。最終段階で全ての材料を組み立て、見栄えをよくして、ユーザビリティを考慮した仕上げをする作業をします。要は、

**考える時間と作業する時間をきちんと分ける**ことで、全体としての効率が向上し、やり直しといった無駄も出にくくするのが、成功する人のやり方です。うまくいかない人に限って、準備不足なのに、早く作業をしたがるのはなぜでしょうか。私への問い合わせで「ホームページの制作をお願いできますか？」と言ってくる人は多いのですが、聴くと、どんな目的で誰に向けて作るのか、という根本的な前提さえ決めていないというのには驚くばかりです。

「作業は最終局面、思考と準備の方が100倍重要です」。ご理解いただけますよね。

## ▼成功者はドタキャンが当たり前、むしろ礼儀正しい

これは、少し難しいテーマです。一旦約束をしたら、本心が嫌々でも会うべきかどうか、です。私は、キャンセルするべきと考え、会わないようにします。直前のキャンセル、ドタキャンはいいことではありませんが、内心嫌々相手と接する方が無礼だと思うからです。実は、私は会社員時代から会社の飲み会は、でき得る限り参加しないようにしていました。理由は「嫌だから」です。たまに電車に乗ると、「昨日の飲み会は辛かった、意味なかったよね」「金曜日の夜に、仕事の懇親会ってセンスなさすぎ」と話しているサラリーマンがいます。私は、そういう愚痴を発するのは健康に悪いし、居合わせた

人達に無礼だと考えます。そう思うなら、出ないか別の提案を出すのが筋ではないでしょうか。

できる人は、自分と相手の時間を非常に大切に扱います。私は、参加した飲み会がつまらなかった時、開始30分で退席したこともありますし、商談のために会ったものの相手が準備を怠っていたため、5分足らずで切り上げたこともあります。

平成30年のプロ野球オフシーズンで、西武ライオンズからFA宣言した浅村栄斗選手は、入団の誘いを受けたオリックスバッファローズに対して、一度も会うこともなく、入団を断りました。野球ファンからは「門前払いはさすがに失礼過ぎる」、「会わずに断る浅村にはがっかり」、「せめて直接言ってほしかった」などと半ばバッシングが湧いていましたが、私はオリックスファンですが、この対応は正しいと想っています。断るために、お互いに時間を作るなんて無駄だからです。ビジネスの世界で例えるなら、契約する考えはありませんが、一度、商談しましょう」「あなたを採用する気はさらさらありませんが、面接に来ますか」と言っているのと同義ではないでしょうか。

**時間は、有限。体裁を取り繕ったり、一時的なご機嫌を伺うためだけに、時間を使うのは浪費というもの**です。

## ▼「無料」好きなら、その他大勢の負け組

あなたが無料大好きなら、自分は〝ヤバい人〟と思ってください！　無料のものに、あなたが期待するような万全なものは決してありません。それは、セミナーでもコンサルティングでも、ショッピングページ制作のツールやSNSもです。無料には、無料の理由や意図があると考える方が危険を回避しやすくなり、無難です。

しかし、無料サービスばかり利用していると、リスクゼロが骨の髄から染み込んでしまって、無料サービスが期待外れであるということさえ、気が付かなくなってしまいますから、危険です。もし、あなたが無料サービスを利用する時には、無料サービスの提供者に対して、あなたは「どんな仕組みで無料が実現できるのだろうか？」とか「無料サービスなのだから、何をセールスしてくれるのだろう」と考えるべきです。うまくいって、僭越えするような成功者は、物事の仕組みや本質を見ようとするものです。仕組みを理解できれば、学びになりますし、セールスを受けて、そのやり方を自社に活かすことをしようともします。

もしあなたが、無料サービスを利用して、〝得した〟とか〝大したことなかった〟と表面上の評価をしてばかりだとしたら、本当にマズい状況です。タダ乗りする人を〝フ、い、い、い、い、リーライダー〟と軽蔑の意味を込めて呼ぶ言葉がありますが、あなたは、その仲間入り

をしているかも知れません。できる人、ビジネスを成功させている人は、商品やサービスの提供を受けたらお代を支払うことを当たり前の考えとしていますし、**相手を損させないように気遣い**ます。なぜなら、自らも提供者側であるから、そう自然と考えるのです。ですから、フリーライダーと出合うと、触覚が働き、まともに相手にしないようにしたり、距離を置くことを意識的に行います。成功者が実践している〝まずgive（与える、貢献する）〟の行為は、誰にでも無差別にしている訳でなく、相手を冷静に選別して、自分と相手の両者の「次」を良くするためのビジネスで行っています。

あなたが、自分だけ利益を得たいという考えで無料サービスを利用しようとすると、痛い落とし穴に落っこちてしまうでしょう。また、最悪、落ちていることにも気が付かない場合もあります。

## ▼借入金はタイムマシーン。時短ツール、借りられるなら借りた方が速い

ビジネスだけでなく、健康になるためや美しくなるため、学ぶためにも、実際、費用がかかります。お金が必要というのは言うまでもないことですよね。ネット通販ビジネスを始めようという時、リアル店舗を開店するほどの大金はかかりませんが、商品の仕入れ代金やショッピングページ制作の費用などが必要ですし、販売開始後は、恒常的に

集客するための広告費がかかります。それらの初期費用や運転資金、あなたならどう用意しますか。資金調達の種類は三つです。

**（1）貯める**

**（2）借りる**

**（3）もらう**

です。私が初めて独立・開業した時には、実はこの三種類全てを行って、必要な資金を調達しました。うまくいかない人のほとんどは、（1）の貯めるという発想です。実際、必要な金額が貯まるかと言うと、貯まらないし貯まるとしても、滅茶苦茶年月がかかります。

（2）はいわゆる借金をすることでビジネス上では借入金と呼びます。億越えを狙うならぜひ、ある程度の資金を借入金で用意して事業をスタートすることをお勧めします。現在は、超低金利時代。金利は0・数%から高くても2%程度です。大きな成果を得たい場合、事業でも投資でも、競馬などのギャンブルであっても、最初の資金、いわゆる種銭がある程度ないとレバレッジ（跳ね返り）が働きません。そして、最も大事に考えてほしい視点は「時間短縮」です。あなたが、野望や目標を叶えようとモチベーションを維持して頑張れるのは、成功体験が少なく慣れていない場合、最初の半年間程度だけです。その半年間、資金ショートしないで、目標達成のために必要なことを実行するために事前の準備があれば安心です。時間短縮とは、〝ショートカット〟です。必須ではない努力は省く、これがショートカットで、時短。**時短を可能とする手段に、借入金がある**ということです。ただ。成功していない多くの人には「借金は悪」という摩訶不思議な価値観がこびり付いているようです。お金は、時間を買うツールにしかすぎません。

多くの成功者は、借入金の経験をしています。借入金なく、大きなビジネスをしているとしたら、財産分与か投資で一発当たったかくらいでしょう。先述しましたが、ソフトバンクの借金は、14・8兆円です。何だか1千万円くらいなら大丈夫な気持ちにならないですか。もちろん、返済計画を作って、予定通り滞りなく返済していく。返済金額よりも多く儲ければいいだけの話です。

借入金は、あなたの叶えたい目標を叶えるためのタイムマシーンと、理解できるといいのですが。

そして、（3）のもらうは、第三者に投資してもらうことです。私は、自分のネット通販コンサル業がうまくいった時に、連動して、儲かる企業、例えば、制作会社や物流会社などの経営者にプレゼンテーションをして、数百万円の資金調達を果たした経験があります。

# 第5章

# 必ず儲かる
# 鉄板公式
# 「売上＝商品×
# （集客＋接客）」

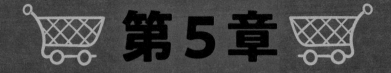

# ルール5

# 勝つために、まずやるべきは、ルールと全体像を理解すること

# 全体像の設計編

## ▼億、売るための、ロードマップと1年目に取り組むことリスト

何を成し遂げるにも「全体像から」考えるのが大切です。やみくもに思い付きの努力を、その時その時頑張っていても欲しいゴールには、到底辿り着きっこありません。全体像から考えるとは、ゴールから逆算して、今やるべきことを導き出すことと同じです。

さて、あなたが例えば、３年後に３億円の売上げを得ているなら、今日から３年の間、**「何を」「どれくらい」「どのタイミングで」**やる必要があるでしょうか。この結果を得るための〝道のり（過程）〟が、**ロードマップ**です。

ロードマップは、事業計画です。３億円の売上げとは、どんな集合体かを考えると、〝何を、どれくらい、いつ〟やるべきかは、自ずと決まってきます。

「売上げ＝売上げ件数×客単価」ですし、

「売上げ＝アクセス数×転換率×客単価」、その他にも様々な切り口から表現できます。

「売上げ＝新規客売上げ＋リピーター売上げ」もそうです。

これら、売上げを構成する要素を踏まえて、ロードマップである事業計画（収支計画）を作りましょう。ネット通販の場合、新規客売上げを作る構成要素として「アクセス数」「転換率」「客単価」を、リピーター売上げは、新規客売上げ件数から「リピート率」と「客単価」で算出していきます。売上げ高合計は、一人一人のお客さんが買ってくれる、数百円や数千円、数万円の積み重ねに過ぎません。売上げを作る構成要素の一つずつの数値を高めていく努力を励むしかありません。

1年目に取り組むリストとしては、大まかに次の通りです。

**1年目は段取りの期間。**段取り七分です。

（販売前）

コンセプトメイク、事業計画策定、法人設立、資金調達、商品企画・開発、商品仕入れ、ショッピングページ制作、公式ホームページ制作、その他

（販売開始後）

キャッシュフロー、フロント商品の〝猛烈〟販売、レビュー収集、ランキング入りまとめると、1年目は、どんなお店にするのかと、フロント商品を売りまくること、その上でキャッシュフローを作ることです。販売開始まで、私のクライアントたちは平均で半年間くらいかけて取り組んでいます。ここが成否を分ける〝関ヶ原の戦い〟ですから、焦るのは禁物です。そして、累積で赤字でも、一応のキャッシュフローさえ作れ

れば、事業への取り組みに、お金と時間、心に〝余裕〟が出てきますから、資金ショートしないお金のスムーズな流れは早いうちに作りたいものです。

## ▼ネット通販の魔術師が考案「必ず儲かる鉄板公式」とは

私は、もう10年以上前に、この〝必ず儲かる鉄板公式〟を作りました。

### 売上げ＝商品×（集客活動＋接客活動）

一言で言うと、あなたが望むような良い売上げは、商品がいいだけでもダメ、集客が上手なだけでもダメだし、ホスピタリティに長けて素晴らしい接客ができるだけでも作ることはできない、この三要素のどれが欠けても理想的な売上げは作られないことを、この公式で表現しています。あなたが、これからネット通販ビジネスをしていく時、芳しくない売上高の時も必ずあるでしょう。そんな時に、この鉄板公式は役に立ちます。

・商品に問題はないか（訴求点、価格、品質や機能性、デザインなど）
・集客活動に問題はないか（アクセス数は十分に取れているか）
・接客活動に問題はないか（ｗｅｂはわかりやすいか、顧客対応はきちんとやってい

るか、梱包や同梱物は適切かなど）

芳しくない売上高の場合、この三要素に問題を見つけられますし、また、そもそも前提であるコンセプトメイクやターゲティングに問題があるということも少なくありません。売上を作る時の、チェック項目として、この「必ず儲かる鉄板公式」を利用してほしいと思います。

## ▼勝ち方には「型」がある

どんな世界にでも、その闘いで勝つための「型」があります。全員に100％当てはまるかと言うとそれは違いますが、大体当てはまる〝パターン〟です。

野球の投手起用では、今では当たり前のように「先発→中継ぎ→リリーフ」となっていますし、競馬なら、レースの前半で先頭を走っている馬が、ゴールも先頭でフィニッシュすることは滅多になく、前半抑え気味で入っていた馬が、後半一気に加速して、抜き去るというのが、パターンでしょう。

ネット通販での勝つ闘い方は、**〝2ステップマーケティング〟**です。

まず、ターゲットに対して、ハードルの低い入口（フロント商品）から入ってもらい、二段階目に本当に買ってほしいゴールとなる商材（バックエンド商品）を売る、やり方です。例えば、化粧品やサプリメントを、初回１週間分をフロント商品として値ごろ感のある５００円とか９８０円で買ってもらい、次に１カ月分の本商品を８千円で買ってもらうという、徐々に階段を上ってもらうやり方です。大手企業のサントリーウエルネスの場合、主力商品「セサミン１カ月分」を初回、無料プレゼントして、その後ユーザーに１カ月間、何度も様々なアプローチを図り、同商品の定期購入の申込みを得るというやり方をやっていました。フロント商品とバックエンド商品の商品企画と、集客活動、接客活動には、それぞれ異なりつつも、流れを切らさないリズミカルな戦術が必要です。（※商品企画編〈１４７ページ〉で取り上げています）

## ▼「何」を売ろうか、から考え始めると99％失敗する

ネットショップだけでなく、どんなビジネスにも当てはまります。ほとんど多くの人は、「何を売ろうか」から商売を考え始めます。だから、事業を起こしても二人に一人が２年目を迎えられないのではないでしょうか。私の下にコンサルティング指導を申し込んできて、最も成功するタイミングは、「まだ何も決めていない時」です。なぜなら、そのタイミングが唯一、可能性が１００％残っている状態だからです。

「何を売るか」から考える人の発想には、「何なら扱えるか」「自分は何をしたいか」と

いう気持ちが多分に含まれています。絶対的に重要な〝足りない視点〟があります。気が付きましたか？　気が付いたあなたは、成功確率が高いと思います。足りない視点とは、〝顧客〟です。あなたに、お金を使ってくれる人、顧客のことを考えない人は必ず失敗します。ビジネスのスタンスが、いつも自分勝手で、顧客不在になってしまうからです。

それでは、**うまくいく人は、「何を売ろうか」ではなく、どんなことから考え始めるでしょうか？　「自分が役に立てることは何か」「自分は、どんな人にどんなことをしたいのだろうか」と発想する人**が、ネット通販ビジネスに参入し、億稼いで成功している人の共通項です。後継者などで商品がある程度決まってしまっている場合もありますが、そういう状況であっても、「この商品で、私はどんな貢献ができるか」を考える人が成功しています。何を販売するにしても、顧客が欲しいのは何かの物体自体や、その機能性が欲しい訳ではありません。顧客が欲しいのは、物体や機能性の先にある〝価値〟です。高単価の顧客ほど、モノではなく感情を欲しがるのも事実です。ダイエット食品が欲しいのではなく、減量できた後の「自信」や「優越感」が欲しいのです。化粧品が欲しいのではなく、ぷるぷる保湿できている肌を彼に褒めてもらった時の「喜び」が本当は欲しいのです。

あなたは、「どんな人に、どんな影響をもたらしたいですか？」、この想いを前提にして商品企画や選定をすれば、あなたはセールスしやすくて、また、ターゲットに買われやすい状況になっていると思わないですか。

## ▼集客できる場所で、販売し始めるのが賢い選択

ネット通販でいう〝場所〟とは、独自ドメインか、他者が運営しているショッピングモールなどのプラットフォームか、ということです。ここで多くの失敗者は、初期費用の安さを優先します。独自ドメインショップやAmazon、ヤフーショッピングの選択が、これに該当します。私が繰り返し主張しているのは、まずは楽天市場に出店するのがいい、ということです。楽天市場との利害関係は全くなく、むしろ何十社も楽天への出店を促し、楽天市場に間接的に貢献しています。私は、あなたのように数年後に億越えしたい、最初は一人で始めるという場合、〝まず、楽天市場〟からをお勧めします。理由は、**買い物目的で良質の集客が見込めるから**です。リアル店舗で言うなら、駅や空港のビル内に出店するような感覚が楽天市場で出店するということです。独自ドメインショップは、初期費用こそ、限りなくタダでも可能ですが、地方の山間部や離島でポツンとお店をオープンさせるような感覚です。その場合、集客はＳＥＯ対策や広告、あるいはテレビパブリシティということでしょうが、そもそも初期費用を使いたくないから、独

自ドメインショップにする訳なので、そういう集客活動に多額の費用を投下する考えも度胸もないはずです。

ちなみに、アクセス数の調査結果は次の通りです。

月間アクセス数（２０１８年８月）

Amazon　５・43億

楽天市場　３・59億

Yahoo ショッピング　０・84億

ポンパレモール　０・41億

Qoo10　０・10億

Wowma　０・16億

（※出典「売れるネットショップの教科書」フジタマサヒロ氏）

先ほど、楽天市場を〝まずは〟お勧めしましたが、この結果を見ると、Amazon の方が楽天市場の１・５倍以上もアクセス数が多いです。それなのに、Amazon でなく、楽天市場への出店をお勧めする理由については、次項で続いて述べさせていただきます。

## ▼Amazon、ヤフーショッピング、独自ドメインショップ〝から〟では、億稼げない

これは、手順の話です。何事も、成功するために必要なのは正しい選択と正しい手順、そして成し遂げるまでの実践です。ここでの結論にあたり、事前の条件は以下の通りです。

**・あなたは、大企業ではない**
**・あなたは、億越えしたい**

あなたが大企業のように知名度があり、潤沢な資金があったり、億越えは狙っておらず月商１００万円以下でいいのなら、ここでの話は当てはまりません。しかし、あなたが無名で限られた予算の中で、億越えしたいなら、お勧めの手順があります。あなたのオリジナル商品で、億越えを可能にする手順は、楽天市場に出店して、次に独自ドメインショップも立ち上げる順番です。

Amazon やヤフーショッピングがなぜダメかと言うと、それぞれの特性があなたには合っていないということです。Amazon は、アクセス数は日本のネットショップで圧倒的に多いものの、書籍や家電などのN・B商品（ナショナルブランド）の売り場であり、品物中心ですから、無名の会社のオリジナルのP・B商品（プライベートブランド）を販売したとしても、アクセス者はなかなかたどり着くのが困難です。ヤフーショッピング

は、先述の通り、アクセス数が少なすぎて全体の流通金額は5、979億円（2017年Yahoo! JAPANの決算説明会資料から）。楽天市場の国内EC事業の流通総額は3兆3、797億円（2017年楽天市場投資家向けプレス資料より）と、ヤフーショッピングを引き離しています。さらに、楽天市場は出品の発想ではなく、出店という考え方がベースにあります。4万店舗以上、出店している一つ一つのショップのオリジナリティ溢れた個性が、消費者に伝わりやすいのが特徴となっています。消費者の中には、Amazonのページは整然として見やすいけれど、楽天市場はごちゃごちゃしていて見にくいという意見が時折発せられていますが、それはショップ毎に高い自由度の下でページ制作を行っているからです。さらに楽天市場は、2017年1〜3月期で国内取扱金額トップを記録し、今や国内最強と言えるクレジットカード「楽天カード」で顧客の囲い込み（エンクロージャー）を着々と進めています。

ネット通販市場は、Amazonの顧客、楽天の顧客、メルカリやZOZOTOWNの顧客と、大雑把には、はっきりと区分けされて来ています。独自ドメインショップから始める場合、どうやって必要なアクセスを集めるのですか。あなたが、**目標達成しやすい場所を選ぶこと**をお勧めします。

## 数字で現状認識する習慣が、あなたを躍進させる

あなたが、ビジネスオーナーとして管理するべきは「お金と時間、そして人（外注先を含む）」を何に使うかの選択と、いつなのかのタイミングです。

はっきり言います。数字に弱い人で、成功する人はいません。成功するためには、将来に対する野望という想いを大切にするのと同時に、今の「事実」もきちんと受け入れる必要があります。事実の把握は、「数字」で行います。ネットショップの場合、私は次の数字にだけ注目しておけばいいと教えています。

- **現金**
- **フロント商品ページのアクセス数、転換率、新規受注件数、広告費**
- **リピート件数、リピート売上げ金額、リピーター客単価**
- **自分の体重**

それぞれの数字を並べるだけなら、誰にでもできます。アルバイトにだってできるでしょう。

経営者は、その数字をどう解釈するか、そして、どんな対処をするかの方針を決めな

くてはいけません。ここが経営者の実力です。

経営者は、足元の今日の数字をケチくさく見つつ、少なくとも一年後に果たすべき理想をロマンティックに追う余裕があるといいでしょう。その原動力は、目的意識といつもワクワクとしている好奇心なのではないでしょうか。

# 商品企画編

## ▼今までの、あなたの人生の中に、ヒット商品になる原石が見つかる！

あなたのネットショップで何を売るかは、しつこいようですが**「どんな人に貢献したいか」**から考えるべきです。

どんな人に貢献したいかは、あなたの今までの人生で、気になって仕方ない人、あなたの何かしらのこだわりに大きなヒントが隠されています。それは自分が変われて助かったこと、何かの体験で感動したことかも知れませんし、長年、関心を寄せている人がいる場合、その人に対して手助けしたいことがあるのかも知れません。この辺りに、あなたが夢中になれる商品の種があることが多いのです。

例えば、子供の頃に食べたハンバーグに感動して、ハンバーグの販売をしている人もいますし、女性には美しくあってほしいという思いから、ダイエット食品やコスメを販売して、10億円以上の大ヒット商品にした男性経営者もいます。私が、今、ネット通販コンサルタントをやっている理由は、ネットショップオーナーの大半が思うような結果を出せないでいる中、より効率的に成功を手に入れる考え方とやり方を教える、そして販売者と消費者との間に信用し合う関係を、この社会で作っていくためです。その背景には、信用し合う関係が薄くなっている社会があり、さらに私が会得している通販で成功するノウハウがあり、成功したいというニーズがあるからです。

あなたも、やりたいだけではビジネスはうまくいきません。ニーズや市場価値の部分もきちんと確認をしましょう。

## ▼大ヒット商品誕生の法則「視認性」「口コミ発生装置」「レストルフ効果」「検索性」

私は、これまで数々の10億円レベルのヒット商品を世に送り出すお手伝いをして参りました。通販に携わってから、10年ほど経った時点で初めて、この法則性に気付き、体系化しました。

まず第一に、**「視認性」**です。効果が〝見て分かるか〟の点です。

効果を目で確認できるかできないかは、ヒットするかどうか、ヒットした時の規模に大きく影響を及ぼします。便秘の症状を軽減する商品が大ヒットしたのは、ユーザーが毎朝トイレで、その〝量の多さ〟を目で確かめられたからですし、口臭予防のオーラルリンスは、うがいをすると口の中の汚れが〝かたまって〟現れ、目で容易に口腔内を洗浄できていることを確認できたからです。

口コミが発生しやすいかの仕掛けである**「口コミ発生装置」を意図して設計**できるかも重要ファクターです。

人は、予想を上回ると誰かに言いたくなるものです。感動を与えたり、衝撃を与える必要があります。期待を上回らなくてはいけません。変わっていなければいけません。しかし、口コミが発生しやすいように、メーカーや販売者が意図的に、いわば〝口コミの発生を設計しておく〟お膳立てをしている中小企業は、多くはありません。

口コミのお膳立てとは何か。〝話題を仕込んでおく〟ことです。その商品について、話しやすくて、思わず話し出してしまうネタを提供しておく行為です。普通はないクラスの大きな餃子、真っ黒な石鹸、ネット通販の魔術師という会社名、１万円という価格のコーヒー、水着で働く従業員など色々と考えられます。

しかし、このように口コミを発生しやすくするお膳立てはできたとしても、その後、本当に口コミが起きるかどうかは分かりませんし、またその口コミの内容が自社にとって有利か不利かもコントロールできないし、すべきでもありません。消費者が思わず発してしまう純粋な口コミ、この生声《なまごえ》が拡散されればされるほど、商品は自然と注目され、運が良ければどんどん買われていく訳です。

**「レストルフ効果」**とは、孤立効果です。

異質で目立つ状況を作ることも大ヒット商品になりやすくするテクニックです。変にする、ということです。これはデザインや商品名、価格の部分などでです。一番分かりやすい例えとしてはデザインのカラー（色使い）です。私はかつて、それまでの歯磨き粉の常識のカラーが「白」「青」「緑」であったパッケージに、あえて「ワインレッド」を採用しました。すると、ネット上でもリアル店舗でも〝映え〟、価格が競合の7倍ほどでしたが、面白いほどに売れたことがありました。デザイナーに特に何も言わないで、デザインの依頼をすると、いわゆる〝らしい普通の色〟になります。ぜひ、検討してみるポイントです。見た目は、ネット販売で顕在商品力にあたり、ターゲットにとって非常に重要な購入基準になっています。

最後に**「検索性」**です。検索されなければ買われないと思ってください。

どういうことか？　大ヒット商品になるには、あなたのことを知らない人、直接広告を見ていない人などにも、どんどん買われていかなくては、何億円レベルにはなりません。あなたが販売している商品のターゲットが検索するワードが、商品名やキャッチコピーなどに含まれていて、検索結果上位になっている必要が、大ヒット商品にはあります。例えば、私が「ＥＣの魔術師」というネーミングであったとしたら、毎日、全国から問い合わせや相談をもらうことはなかったと思います。なぜなら、【ＥＣ　コンサル】と検索するネット通販事業者の初心者はほとんどいないからです。彼らは「ネット通販コンサル」や「ネット通販　ノウハウ」と検索していますから。

## あなたは「誰のための何屋さん」になると決意するのか

あなたは、何屋さんですか？

私は〝ネット通販コンサル屋〟ではありません。では、何屋なのか。

私は、中小企業のオーナーのお金と気持ちの不安解消屋です。その手段として、ネット通販コンサルティングを活用しています。

次のワークの答えを何カ月もかけて、考え抜き、試行錯誤しながら、あなたならではの正解を見つけてほしいです。ここは、あなたがネット通販であれ、別の事業であれ、大成功するためには、とても重要なポイントです。コンセプトメイクです。

**【超重要ワーク】**

あなたは、どんな人（ターゲット）に対して、どんなベネフィット（効果、いいこと）を提供しますか？

そして、それは何（商品やサービス）によってですか。

なぜ、あなたなのですか。（あなたである理由）

よって、私は（ターゲット）に対して（ベネフィット）を提供する屋さんです。

あなたは、あなたのネットショップで、何を売ろうかという商品の選定や企画をする前に、自分の経験や知識を総ざらいして、〝誰に対して、どんな役に立ちたいか〟からぜひ考えるようにしてください。

そうすれば、顧客不在の自分勝手で、自己満足なだけの〝あなたが好きなモノ〟を商品にすることを避けられます。**売れる商品は、必ず購入者の欲求が満足できたり、課題を解決できる、あるいは苦悩から脱出できるもの**です。あなたの〝満足〟なんて、どうでもいいことなのです。

## ▼億稼ぐ「ターゲティング」

〝ターゲティング〟とは、単純明快に「ターゲット」を設定することです。それでは、ターゲットとは、どんな相手を意味するでしょうか。ターゲットとは、販売者であるあなたが、わざわざ時間と経費を使って、集客し営業する相手のことで、あなたの商品の購入者になり得る相手のことを指します。そして注意点としては、このターゲットと、あなたの商品のユーザー（実際の使用者）とは必ずしも合致しないことがあります。**ターゲットには、支払い能力**がなくてはいけないことを忘れないでください。

ありふれた基本中の基本の例え話ですが、ランドセルを販売しようという時、昨今ではターゲットは小学校入学前の孫をもつ祖父母です。もしあなたがこの文章を読み始めた時、ランドセル販売のターゲットは未就学児だと少しでも考えたなら、マーケティングセンスがなさ過ぎですから、猛省したほうがいいです。

そもそも、なぜターゲット設定をしたほうがいいのでしょうか。答えは明快、何のターゲット設定をしないよりも、売れる確率を高められるからです。ネットショップへアクセス者がたどり着くキッカケは、大きくは二通りで、（1）自ら検索して、（2）広告に反応してです。彼らは、検索結果やジャンプ先のページが、自分のニーズと合っていないものだと判断すると、わずか2秒でページアウトしていきます。ターゲット設定していると、そのターゲットに対して刺さるメッセージや刺さる画像を用意できるから、「このページは自分に関係ありそうだ」「この商品は、自分にピッタリかも知れない」と意識を動かせる可能性を強められます。見ず知らずの場所で、「ねぇー、みんな！」と呼びかけるよりも「ねぇー、鈴木さーん！」と呼びかける方が、振り向いてもらえる可能性は高くなる訳です。「みんな向け」よりも「全国の鈴木さん向け」の方が売れそうだと思わないですか。

みんなに売ろうとすると、結局、誰にも響かない刺さらない商品になってしまいます。失敗しているネットショップの多くは、ターゲティングが甘いです。緩いです。広過ぎます。それは、ターゲットを狭めると可能性を捨てているのだという誤解から、二の足を踏んでいるのです。例えば、カルシウムのサプリメントは、通常ほとんど誰が摂っても問題のない商品です。これを何のターゲティングもしないで「カルシウムを補給したい全ての方へ」として訴求するよりも、〝50代からの女性用〟とか〝成長期の10代のお子さんを持つ親御さんへ〟とした方が、自分事だと分かる人が増えるので買われやすくなります。

億稼ぐターゲティングの神髄は、**「表現としては絞り込まれているけれど、実際、その人口は数字として多い」**ことにあります。ターゲティングする時のチェックポイントとして二つあり、（1）数字で示せる十分な市場規模があるか　（2）設定したターゲットに商品の強みを理解してもらいやすいか　の２点です。

## ▼みんなが賛成した商品企画は、ほとんど売れない

あなたが、何の商品を販売するか、それをどうやって決めていますか？

中小企業のオーナーは、みな孤独です。一人会社の社長もたくさんいます。後にヒットする商品を見つけ出す能力は、経験と知識を源とする直感のことがほとんどです。あなたの直感を大切に、扱ってください。もし、あなたが新商品について誰かに意見を求めるなら、この法則は知っておいてほしいです。

**「みんなが賛成したら、取り止める。売れそうにない」**。

これをルールにしてください。

あなたの周りは、大体普通の人が多いと思います。天才ばかりではないでしょう。みんなが賛成するような商品は、常識的で面白みがなく、広告しにくく、ＳＮＳで拡散されにくいと思った方がいいです。

人は、〝聞いたことがない〟〝危ない〟〝非常識〟そういうものに嫌悪感や拒否反応を示します。現状を維持したいというバイアスが働くためです。

私が、かつてヒットを担ってきた商品たちも、例外なく、数多くの反対論者たちを作

ってきました。〝ウンチがたくさん出るから、それをダイエット食品として売ろう〟、〝口の汚れが固まって出てくる気色悪い口臭予防商品〟、〝洗うとヒリヒリと痛む石鹸〟、私はこういう特徴をターゲットに受け入れやすく響く表現で販売することで、ヒット商品にしてきました。これらの商品は、販売前も販売直後も、賛同してくれた人は少なかったです。こんな危ない商品とは付き合いたくないと、取引先のデザイン制作会社から縁を切られたこともありました。

こんな自信が湧きそうな事実がありましたので、あなたと共有します。

**今では当たり前の大ヒット商品、ヤマト運輸の宅配便、コンビニエンスストアのセブンイレブン、マルコメのだし入り味噌、これらは会議で大反対に遭った**そうです。

大反対でも、リスクを背負って、突き進む。ここがヒットの素にもなります。もちろん、大失敗に終わることもあります。

あなたに気を付けてほしいのは、パートナー（配偶者や恋人）の意見の聴き方です。ターゲットとして真っ当な意見かどうか、個人的な好みの話か、あなたを気遣っての意見なのか、あなたには「適切な傾聴力」が必要です。単なる担当者という立場でなく、自らヒット商品を創ったことがある経験者から意見を聴くことはお勧めします。しかしながら、自治体などで行われている起業相談の先生は、単なる大手企業の元従業員だった人も多いので、あなたは聴き方に注意を払ってください。

## ▼実は、ブルーオーシャンでは売れない

ブルーオーシャン戦略は、フランス欧州経営大学院教授であるW・チャン・キム氏とレネ・モボルニュ氏によって提唱されたもので、競争者がほとんどいない市場「ブルーオーシャン」を創造するための経営戦略。「バリューイノベーション（価値革新）」に着目し、顧客が潜在的に求める価値を洗い出し、商品・サービスを通じて新たな価値を提供することで、ブルーオーシャン（競争のない市場空間）を創造し、高価値・低コストで高い収益性を見込める優れた戦略として位置づけられています。

さて、あなたはどのように感じましたか。「競争相手がほとんどいない市場を、新たな価値を商品やサービスを通じて提供し、創る」と解釈できると想いますが、それは言い換えると、〝新たな文化や習慣を、あなたの商品によって創る〞と言えるでしょう。多くのみなさんは、競争相手が少ないほうが良さそうと考えるでしょうが、ターゲットにとって、比較対象の他の商品がないという状態は、とても分かりにくい、理解し難い状況なので、もしそういう市場があるとしても、ターゲットはとても買いにくい、選びにくい状態に置かれていると思います。反対側のレッドオーシャンは、もうすでに競争が

激化している市場です。レッドオーシャン市場では、競合同士の過当競争や薄利多売があり、相手が撤退するまで闘いを続けるので、資金が潤沢な体力のある大企業が有利です。

私の考えは、あなたのような中小企業や一人会社の場合、レッドオーシャンで勝ち抜くことはもちろんのこと、ブルーオーシャンを創造することも困難だと想います。そこで私がお勧めするのは、いい感じに競合がいて、文化が出来上がっている**「パープルオーシャン市場」**。ここを狙ってほしいです。

パープルオーシャンの特徴は、マーケット（売れる場）が確かにあることです。マーケットがあるということは、何のための商品かターゲットに説明しなくても分かるという状況が出来上がっています。小さな会社がヒット商品を産み出そうという時、競合は、いい、そこそこいるべきなのです。

## ▼値付けは、ジャンル最高値が勝つ

価格の決定は、ネットショップのオーナーであるあなたの専権事項です。京セラの創業者・稲盛和夫さんは**「値決めは経営である」**と書いていています（『稲盛和夫の実学』〈日本経済新聞社〉）。「値決めは単に売るため、注文を取るためという営業だけの問題ではなく、経営の死命を決する問題である。売り手にも買い手にも満足を与える値でなければならず、最終的には経営者が判断すべき、大変重要な仕事である」と。

価格から、利益が産まれ、ネットショップの運営や経営をする訳ですから、とても重要だと理解していただけるでしょう。では、どうやって値段を決めるのか。私のお勧めは、あなたが欲しい利益がゲットできる値段にすること。

そして、ネット販売ではこの「値段」は、顕在商品力の一つでもあります。消費者の中には、ネット通販で買い物をする時、〝安い順〟に並び替える人がいることは知っていると思いますが、中には〝高い順〟に並び替える属性の人たちも確かにいます。そういう人がいるから〝高い順〟に並び替える機能が多くのネットショップで標準装備されているのです。高い順に並び替える人は、いい商品を短時間で見つけたい人、価格へのこだわりと言えば〝安物よりは高額な方に、いい商品が多いはずだ〟と考える人です。価格は、商品の価値を表現しています。これは、フロント商品ではなく、バックエンド商品になりますが、ぜひ、ジャンル最高値の値付けをしてみてください。周りからの評価が変わります。もちろん、最高値らしい品質や機能性、デザイン、接客を伴わなくてはいけません。値付けにおいて、あなたが最も犯してはいけない愚行は、臆病風を吹かして、標準的な価格にしてしまうことです。**よくある価格は、あなたにちょっとした安心感を与えるだけで、ターゲットからしてみれば完全に埋没してしまいます。**最高値が嫌なら、最安値が次のお勧めですが、小さな会社が最安値で勝てる可能性があるかというと、マイケルポーターの『競争論』で説明されている通り、絶対に勝ち続けられませんから、やはり最高値しかありません。最終的に最適な価格を見つけるという発想の場合でも、最初に設定する希望小売価格は最高値で設定し、広告掲載時の特別価格や何か条件付きのセール価格を試しながら、ターゲットに買われやすいギリギリいっぱいの値を見つけてください。

**あなたの弱気の虫が、価格を下げ、商品の価値を下げ、ネットショップの経営の足かせになることにつながる**ことを肝に銘じておいてください。

## ▼大企業が嫌うゾーンに、中小企業は勝ち目あり

| | | |
|---|---|---|
| 大企業 | 大量生産<br>社会的責任 | 品質の均一保証<br>株主への責任 |
| 中小・ベンチャー企業 | 少量生産 | スピード感ある行動 |

中小・ベンチャー企業の特徴は、取締役会や株主総会をほとんど気にすることなく、そ

の会社のオーナーが自由な発想でスピーディーに、意思決定して行動できることです。資金が少ないので日本全国の隅々まで商品を流通させ続ける大量生産はできませんし、全て一貫して、全く同じ品質・機能・味・色などを保証することも難しいです。しかしながら、あなたに知っておいてほしいのは、**「大企業を目標としない。大企業と同じ土俵に乗って、競争しない。自分たちの特徴を活かす」**ことが、あなたが目標達成して、億稼げるようになる闘い方だということです。

何か困って苦痛や不安を感じている人を助けてあげる、何かの欲望をより簡単に満足させてあげられる、そんなベネフィット（いいこと）を提供するのが、あなたが販売する商品です。その商品をあなたが販売して、ナンバーワン（例えば、日本一）になりやすい販売方法・販売場所が、ネットショップです。そして、**ナンバーワンになりやすいのは、大企業が魅力的と感じていなかったり、企業イメージに悪い影響を及ぼしかねないジャンルであり、マーケットです。**

大企業は、数百億円の市場規模であれば小さ過ぎて魅力を感じませんし、格好良くない分野にも入って来ません。また、前例が乏しい新しい分野にもすぐには参入して来ません。なぜなら、生産性や利益の確保を株主が強く望んでいるからです。その点、私たち小規模事業者は、お気軽です。数百億円規模の市場でもうまくいげば、十分な売上げを得られます。格好悪いイメージであっても、それはオーナーの決断次第です。日本でほとんど販売実績がない商品であっても小規模事業者の場合、これもオーナーの決断次第で、〝すぐに〟でも扱うことが可能です。

では、具体的にどんな市場やジャンルが大企業が魅力に感じにくいかと言えば、絞り込んだターゲットを対象にした市場、職人による手間がかかった上に品質や機能性を均一保証できないオーダーメイド品、自然相手の農林水産品、過去グレー産業であった、通販業自体もそうですし、ダイエット市場、健康食品市場、体臭や口臭などのニオイ市場、バストアップ市場などもそうです。数年前、自撮り棒や薄型テレビを壁に設置する器材などが売れていましたが、それらの製造販売は携帯のキャリア会社でもなく、テレビメーカーでもありませんでした。また、確実に斜陽で衰退している産業も大企業は参入し続けることをしません。ビニール傘やレコード針の国内市場がこれに当たります。大企業がやろうと思えば生産できる製品でしょうが、色んな角度から考えると、〝美味しくない、危ない〟と判断しているから、参入しなかったのだと容易に推察できます。

超有名で近代マーケティングの父と呼ばれているフィリップ・コトラーが、ニッチビジネスの分類を先駆けて行っているのですが、彼の著書は少々言葉が難解です。私があなたにお勧めするのは、アステラス製薬やＮＥＣ、サントリーホールディングスなどで社外監査役を歴任した山田英夫さんの著書『競争しない競争戦略　消耗戦から脱する3つの選択』（日本経済新聞出版社）の中でのニッチ市場の分類です。あなたがターゲットや商品を決める際には、大いに参照すると良いでしょう。私はよく読んでいます。
では、ニッチビジネスの〝分類〟だけ挙げておきます。

1. 技術ニッチ（大企業が持っていない技術分野での事業）
2. チャネルニッチ（大企業が追随できないチャネルでの事業）
3. 特殊ニーズ（特殊なニーズに対応した技術・サービス）
4. 空間ニッチ（限られたエリアだけでの事業）
5. 時間ニッチ（限られた時間のみでの事業）
6. 残存ニッチ（製品ライフサイクルが衰退期の市場での事業）
7. ボリュームニッチ（大企業が参入できない市場規模での事業）
8. 限定量ニッチ（意図的に生産量を限定する事業）
9. カスタマイズニッチ（オーダーメイド製品やサービスを行う事業）
10. 切替コストニッチ（製品・サービスを切替えるとコストがかかる事業）

## ▼フロント商品とバックエンド商品の作り方

大手であれベンチャーであれ、ここ最近、ネット通販勝者の定番の闘い方（売り進み方）は、**〝2ステップマーケティング〟**です。

ターゲットに、まず最初の1ステップ目として、値ごろ感があり買いやすいフロント商品（お試し商品）を買ってもらい、その後、2ステップ目に、あなたが本当に買ってもらいたい利益が出るバックエンド商品を購入してもらう段階的な戦法を、2ステップマーケティングと言うのですが、このやり方は、特にN・B（仕入商品）でなく、P・B（オリジナル商品）の勝ち組ネットショップでは、定番中の定番です。例えば、500円のお試し商品を最初に買ってもらって、その後、8千円の本商品（バックエンド商品）の定期購入につなげるというような手法をやっているネットショップを見つけることは、とても容易で、本当に多くのネットショップがこの2ステップマーケティングを採用しています。

2ステップマーケティングで勝つために、非常に重要になってくるのは、フロント商品とバックエンド商品の〝流れのスムーズさ〟です。**フロント商品は、バックエンド商品を買ってもらう（売る）ために存在する**、このことを忘れず、ターゲットが買いやすい商品構成を作りたいものです。失敗するネットショップは、フロント商品を蔑《ないがし》ろにする、つまり軽く考えてしまっている共通点があります。フロント商品は、お試し商品ですが、試されているのはショップ全体、商品、接客などで、試している主体はターゲットです。決して、ショップのオーナーのあなたが、ターゲットに対して、安い値段で商品を試させてあげる試供品という発想ではありません。フロント商品は、ショップ全体とターゲットの〝お見合いの場〟ですから、決して、手を抜いてはダメです。商品だけでなく、ネットショップの〝いい所〟を存分に体感してもらうチャンス（機会）を得るのが、フロント商品の販売です。

バックエンド商品購入につながるフロント商品の設計にはコツがあります。フロント商品は、バックエンド商品の良さを期待できるようにしなくてはいけません。バックエンド商品で得られるベネフィットを、フロント商品でも、〝少し体感できる〟ようにしておくことが必須です。そうしておけば、フロント商品購入後、バックエンド商品も買ってもらいやすくなります。

フロント商品はバックエンド商品の容量が少ないバージョンにしたり、機能は同程度得られるものの持続性が劣るバージョンにする、または体感の強度をより強めたバージョンをバックエンド商品にするというやり方もあります。

とにかくフロント商品の重要ポイントは、ただ商品を使ってもらうだけでは不十分で、フロント商品を使っている間に、〝この商品も、このショップも悪くないから、来月は高価な本商品も買ってみたい〟と意識を動かすことが重要です。ダイエット食品でも、健康食品でも、コスメであっても、魅力を感じられるだけの量がフロント商品には必要です。**利益は、バックエンド商品でしか創れません。**

## ▼高額でも売れる商品は、問題解決型商品だけ

古典的な商品の分類として、消費者の購買特性から次の3つがあるのですが、〝億稼ごう〟というあなたは3つ目の「専門品」にだけ注目をしてください。

（1）最寄品　購入頻度が高く、低単価（食品、日用品雑貨）
（2）買回品　購入頻度が低く、高単価（家具、家電品）
**（3）専門品　高単価で、個性的な商品（高級品、ニッチ品、マニア品）**

そして、この専門品を私は、ターゲットに対して、どんな役割を担うかで、さらに三種類に分類しています。

**A. 問題解決型の商品**
**B. 欲望満足型の商品**
**C. 自己実現型の商品**

この三種類の中で、A. の問題解決型の商品だけがポジティブでなく、ネガティブか

ら着想されている商品です。苦しくて、嫌な状態を何とか解決したい、打開して楽になりたいというネガティブをゼロにする商品です。

人は、不快や苦しみから逃れるためには、強いエネルギー（お金、手間）を使おうとします。例えば、お金持ちは、がん治療を受ける際に、保険外の自由診療の分野にお金を惜しみませんし、体型や美肌を維持するために、高額のエステや化粧品にもお金を惜しまないものです。ネット通販なら、ダイエット関連や化粧品、また誰でも扱える訳ではありませんが、医療機器や医薬品がこちらに分類されます。何かの苦しみから解放してあげる商品は、売れます。

あなたがネットショップで販売するのは、〝ターゲットに求められて、買われやすい〟商品にしましょう。その方が、一方的にあなたが好きな商品よりも断然売れやすいのだと肝に銘じておいてください。

販売する商品は、次の４つの要素全てを満たしているモノにすると、成功確率が非常に高まります。

**１　ターゲットから、求められているもの（need）**

**２　あなたが、できるもの（can）**

**３　あなたが、やりたいもの（want）**

## 4 ターゲットは、支払い能力がある（payment）

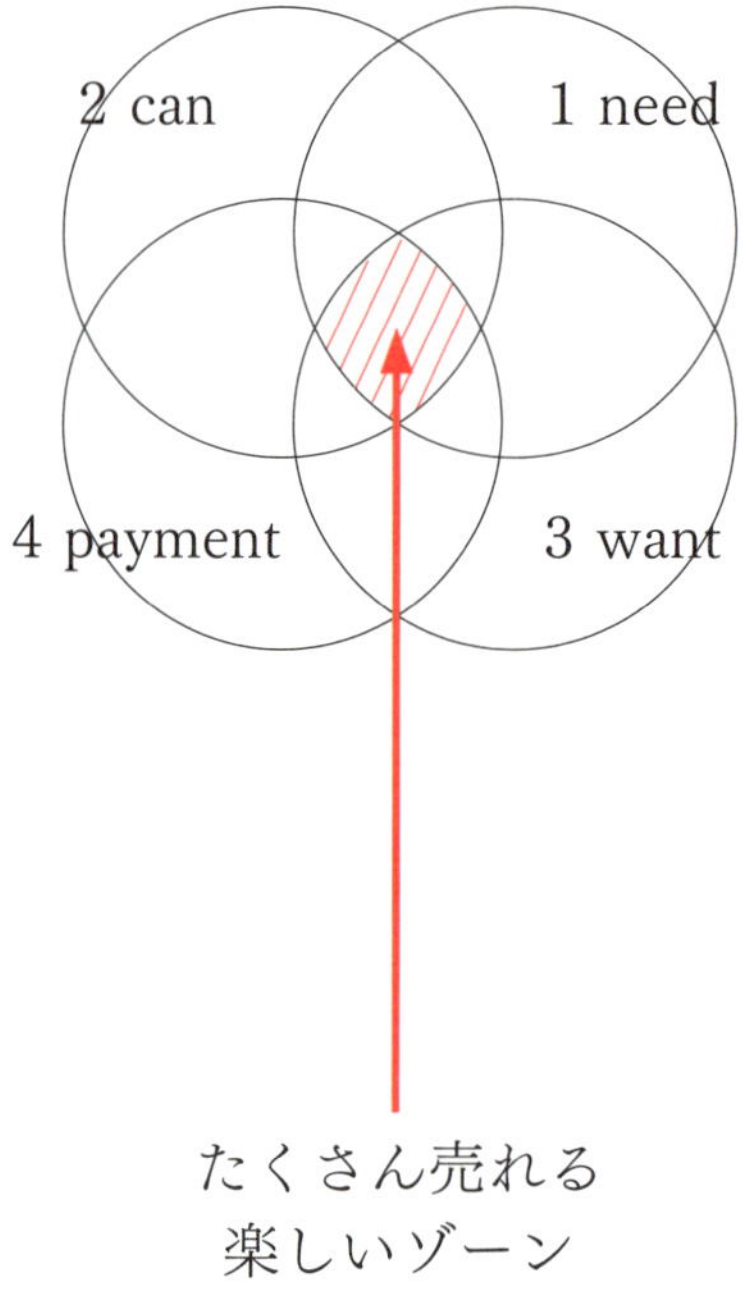


ただ、**商品さえ良ければ売れるということは絶対にありません**。集客も接客も、マーケティングも必要です。商品作りは、あなたの成功を支える20％程度でしかないと認識しておいてください。

### ネーミングは、検索対策という発想で！

ネーミング、名前を付けることですが、ネット通販では、「ショップ名」「サイト名」「商品名」、さらに「法人名」「部署名」「肩書き」も含め、これら全てがネーミングで、しかもかなり重要な役割を担っていますから、「何となく雰囲気で」などといった安易な経緯でネーミングすることはご法度で、禁止事項だと知っておいてください。

なぜ、それほどネーミングが重要かと言うと、それぞれの名前からイメージが自然と出来上がってしまうことと、もう一つは、webサイト上のテキストは全て検索対象になっているからです。

私が普段指導しているネーミングの極意は、

**（1）何か分かる**
**（2）ベネフィットが分かる**
**（3）ターゲットが分かる**
**（4）スパイスや違和感があり、レストルフ効果（目立つ）がある**
**（5）検索性がある**

の5つで、最後の検索性があることは、このネット社会においては必須で必携です。

できるだけ最大限売って、大ヒット商品になり、億稼ぐために必要なことは、商品名そのものやショップ名を知らない人でも、たまたま〝検索したら、たどり着いた〟ので買ったという人を極力増やすことです。それには、あなたの商品（名）は、一般的なベネフィットを表しているワードやターゲットが好んで検索するワードで、検索にひっかかる必要があります。ですから、私はネーミングの極意として先に示した5つをあなたにお勧めいたします。**今や、検索にヒットしないものなんて、売れっこありません**から。

あなたも何かにつけて、すぐに何でもググることからも分かりますよね。

## ▼販売する商品は、たった1アイテムでOK！

これはよくある質問の代表例です。

「ネット通販をスタートする時、商品は、どれくらいのアイテム数を用意したらいいのか？」

私からの回答としては、

「**単品（1アイテム）で問題ありません**よ。もし、もっとたくさん販売したければ、3万アイテム以上にしてください。間違っても、数十とか数百というアイテム数にだけはしちゃいけませんよ。それくらいだと、アクセス者にとっては、一番中途半端な印象を与えて、専門店でも量販店でもなくなってしまいますから」と教えています。

単品で、経営が保てる、億稼げるというのはリアル店舗ではとても珍しいでしょうが、ネット通販の場合は、それほど珍しいことではありません。現に、私がこれまで関わってきたショップはほとんどが実質、単品ショップでした。特定のダイエット用品しか売ってない、特定の化粧品しか販売していない、特定のサプリメントの専門店を行っているという感じです。ある特定の商品やテーマだけに絞ったショップには、強いファンやリピーターが、色んなものが多種多様に販売されているショップよりも創出されやすいです。「○○しかないネットショップ」を運営するのが初めてだとしたら不安でしょう。しかし、何か特定のものに特化している方が、あなたは専門家として頼られるでしょうし、その手の取材申込みも舞い込みやすくなりますから。専門店になる方が、ターゲットも絞りやすいし、売りやすいですから、そこは〝勇気〟を持って、踏み込んで欲しいと願います。**〝あなたは何屋さんですか？〟と聞かれて、即答できる人に成功者が多い**のも間違いはありません。

そして、念のために。商品を増やすなら〝万単位〟が必須です。これくらいの単位まで行ければ、ロングテールの法則が当てはまり、毎日、何かしら買われている状態を作れます。ただ、そういう時でもテーマは絞っている方がいいでしょう。ダイエット関連商品だけで3万品、お掃除用品だけで3万品、こんなのもあってもいいかも知れません。ビタミンC関連だけで3万品。雑多に、色々3万品だと固定客は付かないでしょうから。

# 集客編

## ▼集客できるかを最初に考える！ 集客が成功のための8割

努力して、ハレてネット通販ショップを開業させたとしても、集客ができなければ売り上げが立たず、利益を出せず、それまでの努力が無意味なもの、徒労に終わってしまいます。これはとても悲しい状況ですが、実際のところ、個人や法人を問わずネットショップを開業しても、3年以上利益を出し続けることができるのは2割にも達しません。

集客できない理由で、最も大きなものは商品企画の段階、あるいは商品仕入れのタイミングで〝集客を意識〟していないことにあります。集客ができないと困っているオーナーから相談を頂いて、話を聴いていると、「商品と集客」にスムーズな流れが出来ていないことがほとんどで、表現すると「商品。そして次に集客」という感じになっています。**集客が出来ているショップのオーナーの意識は、商品と集客がそれぞれ別々のモノにはなっていなく、繋がっていて〝一本の流れ〟になっています。**「商品→集客」というセンスが意識に定着しています。具体的には、どういうことかと言うと、商品企画をしている最中に、〝いい商品〟にしようと考えているのではなく、ターゲット設定やセールスメッセージも同時に進行して、〝売れる商品〟を考えているということです。バブル期を経験した50代の富裕女性に売れるように、原材料もパッケージもコスト高なものにしよう、イメージよりも結果重視にしよう、価格は最高級レベルにしよう、などと品質や機能性の潜在商品力だけでなく、購買欲求をくすぐる感情面の見た目である顕在商品力の部分も同時に考えて、売り込みしやすい、つまり集客しやすい状況を商品企画の段階から考えておくと、「いい商品はあるんだけど、さて、どうやって集客すればいいのか？？？」という迷路に入り込まないで済みます。

### ▼通販は、「言葉と画像」だけで、ターゲットの「心と財布」を開かせるビジネス

根本中の根本の話です。とても重要です。これをしっかりと知っておけば、ターゲットに買われやすい状況を作る意識が、あなたに定着します。

通販は、言葉（テキスト）と画像だけが武器です。**どんな言葉をターゲットに読んでもらうか、どんな画像を見てもらうか、ここが勝負ポイント**で、これらの言葉と画像だけで、その気（買う気）にさせて、決済ボタンを押してもらう、これが通販というビジネスです。リアル店舗のように、見込み客の振る舞いから不足情報の補足説明をした

り、商品棚に並べていない商品を取り出して見てもらうというフォローや取り繕いは、通販の場合、できません。あなたが、事前に書いておいた言葉と掲載した画像だけが、セールスマンです。もちろん、強引な販売というのも、ネット通販ではできません。だから、法律で訪問販売などに定められているクーリングオフ（無条件解約）の制度が、通販には適応されていないんです。購入するかしないかの判断は、消費者の能動的な考えの下に行われるのが、通販です。**「言葉と画像」、とても敏感になってください。考えや想いを言語化、画像化できない人は、ネット通販ビジネスでは勝てません。**

## ▼集客方法は、4つだけ。1年目はどうする？

ここで「集客」とは、新規顧客を獲得するために行う手段だとして、話を進めたいと思います。集客方法は大きく4つしかありません。

**1．検索される対策**

**2．広告**

**3．PR活動（パブリシティ）**

**4．メルマガ**

色んな手法があると思いますが、この4種類に私は大別して整理しています。

１年目は、肝心です。とても大切な時期です。**「検索される対策」**は絶対に進めておくべきです。なぜなら、無料で実践できる上に、成果が出るまでに少なくとも4カ月間以上必要になるからです。

検索対策と言っても、専門技術のテクニック的なことは、私は必要ないと判断していて、タグがどうのこうのということはほとんどやったことも指導したこともありません。ここでは詳しい説明は省略しますが、Google の理念や方針を学ぶと判る（※１９３ページで説明）のですが、検索結果で上位に表示されるサイトは、〝シンプルに検索者の役に立つ〟サイトです。そのサイトを上位表示することで、Google ユーザーが増え、広告が増えます。すると、Google が潤う、そういう仕組みなのだと、私は理解していますから、あなたは、ターゲティングが出来たら、ターゲットに役に立つ内容のコンテンツをブログやホームページでコツコツと根気よく、更新を重ねればいいのです。やって、続ければ大体勝ち組に入れます。

私が、２０１１年からブログを毎日更新し、ホームページも毎月更新している理由は、検索者の役に立つためで、それは私の集客に繋がっているからです。得するからやっているのであって、自己満足や趣味で書いているのではありません。

**広告**は、ネットショップを開業したら、毎月継続的に出稿することをお勧めします。

目的は、もちろん、新規顧客獲得のためです。検索対策が受け身のセールスとしたら、この広告は〝攻めのセールス〟です。億稼ごうというあなたの場合は、ちゃんと資金調達をして、事業計画を作って、毎月広告による新規顧客の獲得を確実に積み重ねてほしいと想います。最も、新規顧客を獲得できる確率が高い集客手段が広告です。

**PR活動（パブリシティ）**は、知らない人が多く、実践した人も多くはない集客手段です。なぜ、あまり実践する人がいないかと言うと、それはコストが高めだからです。しかしながら、うまくいった時の成果は極めて大きくハネます。どれくらいか、例えば、あなたのショップの売上げを一桁増やすくらいのパワーを持っています。毎月数百万円の売り上げが、毎月1千万円を越える売上げになったり、年商数千万円だったのが、3億円や7億円、私のクライアントの中には、ネットショップだけで毎月10億円を超えているところもあるのですが、これはパブリシティ活動前と比べて7倍伸長しました。コスメもダイエットも、食品も、パブリシティ活動の成果は大きいです。パブリシティ活動とは何か、自社商品や関連情報をテレビ番組や新聞記事、雑誌の特集記事などで取り上げてもらうよう〝働きかける活動〟で、PR会社という専門集団が存在しています。働きかける活動ですから、実現しない可能性もあります。活動の費用は、大体毎月100万円前後からと目算すれば、正式な見積書を作ってもらっても卒倒しないと思います。ＮＨＫニュースの中の情報コーナーで取り上げられる、ＴＢＳ、日本テレビ、テレビ東京、フジテレビなどの朝や午後のワイドショー、ニュース番組で取り上げられる、健康情報番組で取り上げられる、有名雑誌で数ページに渡って記事にされる、そんなことがパブリシティ活動による成果です。雑誌はともかく、いまだにテレビの影響力は大きくて、**テレビに１分間取り上げられただけで、インタネットが繋がらなくなるほどアクセスが殺到する**というのは、今でも普通に起こっている現象です。ちなみにも大手企業は、ほとんどＰＲ会社を採用していますし、今や政党や自治体もＰＲ会社を採用して、広報活動やイメージ作りを行っています。

４番目の**メルマガ**は、E-mail による従来のメルマガです。メルマガは、今やオワコンと思っているかも知れませんが、LINE のようなメッセージアプリとは比較にならないくらい堅調な成果を得られます。私は、何度かの検証実験をしているのですが、E-mail によるメルマガで、例えば、０・０４％程度の成果が得られます。もちろん、条件により数値は変わりますが、１万人に対して、メルマガを送れば、４人から注文が入るというイメージです。これを毎日行えば、１カ月間で１２０件の受注が可能という訳です。メルマガは、今でもバカにできない集客手段です。LINE@ が最近、声高に新しい集客方法として宣伝されているようですが、私が持っている結論としては、億稼ごうというレベルでの集客手段としては、LINE@は向いていないと断言しています。

### ▼ホームページとブログ、FaceBookは、あなた専用の放送局

ターゲットから注文してもらい、売上げを獲得するために、あなたは、検索される対策として、また、あなた自身やあなたの商品に対して最適な印象付けを行うブランディングのためにも、ホームページやブログ、Facebook や Twitter、インスタグラムなどによる〝発信作業〟は、必ず行うべき活動です。とても、重要で効果的ということです。

私がここで、あなたのホームページやブログ、SNSは**「あなた専用の放送局」**と訴えているのは、これらの発信媒体に掲載する内容もタイミングも、あなた自身が基本的に自由自在にコントロールできるメディアなのだから、あなたの戦略の下、あなたの得になるように適切に運用するべきですよ、と当たり前のことを念を押して、伝えているのです。

なぜなら、ご自分で自分の評価を貶《おとし》めるような発信をしている人が少なくないからです。例えば、あなたが経営者であったり、ネット通販ショップのオーナーであるにも関わらず、Facebook や Twitter に、愚痴やあまり信念を感じられない批判を書き込むといったことはないでしょうか。また、せっかく存在しているホームページなのに、最終更新が一年以上前になってはいませんか。ブログに、ビジネスには全く関係がないことば

かり好き勝手に書いてはいないでしょうか。もしそうなら、あなたが自由自在に活用しても良いメディアなのに、とてももったいない状態になっています。電車や飛行機が遅れてムカつくとか、○○レストランの接客がなっていない、と発信したところで、あなたに好感を抱いてあなたのショップで買い物をしたいとは、通常なりません。むしろ、怒りっぽい人だとか、SNSに具体的な名前をさらすセンスの持ち主だと恐怖を抱く人もいるかもしれない。ホームページの更新が滞っている会社やショップは、とても多いのですが、せっかくたどり着いたアクセス者は、この会社はもう潰れてしまったかも知れない、と思う人もいるでしょう。ブログに、販売している商品とは全く関係ないラーメン情報や家族でお出かけした話を書いても、有名人ではないあなたのそんな情報を面白がって見てくれる人は少ないですし、もちろん、ネットショップの売上げには全然貢献しません。

あなた専用の放送局である、あなたのメディアは戦略的に、あなたが得をするように活用してほしいです。Webやブログ、SNSは、ターゲットによる検索にひっかけるためにと、あなたがターゲットにどう思われるかのブランディングのためにだけ、上手く使いこなしてほしいということです。少なくとも、**自分の評価を自分自身で下げるような利用はしてはいけません**。

## ▼売りたいなら「いいね！」「フォロワー数」なんて無意味!!

ブログやSNSでの発信は、あなたが儲けるためにとても大切で、有効な集客活動ですし接客活動です。しかしながら、発信していくうちに、目的を見誤りブレてしまう人は大変多いです。ブログやSNSでの発信の目的は、検索される対策とブランディングに尽きます。しかも、それらはそもそも、あなたの〝商品を売るため〟の検索対策とブランディングです。それにもかかわらず、ブレてしまう残念な人が大勢います。彼らは結局、売れなく儲けることができなくて、負け組になっていきます。

どうブレてしまうかと言うと、〝ウケがいい内容〟を書こうとしてしまい、本来の商品を売るための検索対策としてやブランディングとしての発信ではなくなってしまうのです。ウケる事をブログやSNSに書きたくなってしまう原因は、自己承認欲求や自己満足して気分を良くしたいからで、私はそれを**「いいね！病」**だとネーミングしています。〝いいね！〟してもらえて、フォロワーを増やすことが、目的に変わってしまうことに、本当に注意してください。私もそうですが誰でも、〝いいね！〟の数が多いと気分がいいです。しかし、それは一時的なもので一過性です。〝いいね！〟してくれた人の何分の一でも、あなたの商品を買ってくれるならOKなのですが、〝いいね！〟した人にその気は全くありません。ちなみに、〝いいね！〟をたくさん集められるのは3種類の画像と

2つのストーリーだと決まっています。赤ちゃんや猫、犬の癒し画像、旅行や食事、女性の素敵画像、笑える面白画像、そして、偉人や有名人の名言や逸話、身近にあった感動ストーリー、これらが「いいね！」されやすい定番です。視聴率が獲れるテレビ番組と一致していますね。

あなたがブログやSNSで発信する時、目的は何なのかを定めてブレないように注意してください。ましてや、「いいね！」やアクセス数を〝買う〟という行為は、嘘の優越感に浸れるという意味以外、全く無意味なもので馬鹿馬鹿しい行為と言わざるを得ません。

## ▼どう思われたいか、自分でコントロールするのが「ブランディング」

〝ブランディング〟と言っても、私たちのような小さな会社の場合、実際何をしたらいいのか、ブランディング活動はTVコマーシャルを打ったり、SNSをバズらせるために、お金がたくさんかかる、そんなことは自分にはできないと思っている人が少なくありません。

では、そもそも、ブランディングとはどういう事でしょう。ブランディングとは、**ターゲットから、他者と区別されて認識されるようにする活動のこと**を意味します。ブランドとは、タ﹅ー﹅ゲ﹅ッ﹅ト﹅か﹅ら﹅他者と区別されて認識されているモノ（会社、人、商品、サービス）ですから、全国的に有名である必要もありませんし、言ってみれば高級でなくてもいい訳です。例えば、あなたの商品はターゲットから競合品と比べて、どう認識されているでしょうか。「高性能で信用できる商品」でしょうか、それとも「安いだけの商品」でしょうか。一番最悪なのは、知られていない、何の認識も印象もない状態なのですが、ブランディングは黙って見ていても、一向に進みません。どう思われたいか、どんな認識をしてほしいかを設定して、あなた自らが、欲しいイメージに向けて、自分で発信する情報を精査してターゲットに働きかければ、あなたの商品やあなた自身、あなたのネットショップは、思われたいように思われることが可能です。

例えば、私ですと、とてもよく考えてブランディング活動をして、欲しい印象を獲得できています。私は、ゲインロス効果という心理テクニックを使って、ターゲットから好印象を引き出しています。かいつまんで言うと、オンライン上では威厳があって、厳粛なイメージを作るように服装や髪型、発言内容を意識していて、いざ初めてターゲットの人とリアルで出合うと、失礼のない範囲でカジュアルで柔和に接します。そうすると、ターゲットはオンライン上で抱いていた私の印象と、リアルでの印象にギャップが生じて、私としては、ただ普通に接していても、「とても丁寧な人」「気遣いがハンパない人」という認識を持たれていますが、これは全て私のコントロールした通りにターゲットが反応してくれているということなのです。

ブランディングできていると、具体的に次のようなメリットが産まれますから、あなたにもぜひブランディング活動をして、ターゲットにとってのブランドになってほしいと想います。

**・過当競争に参加しなくてもよくなる**
**・標準よりも高い値段で商品が買われる**
**・転換率が上がる**
**・リピート率が上がる**
**・口コミが自然と発生する**

## ▼誰でも「No.1」になれる、差別化と集中戦略

あなたにぜひ、勉強しておいてほしいのが、マイケルポーターの**『競争論』**と**『ランチェスター経営戦略論』**です。私たちのような小さな会社が、経営を継続させていき、儲けて、勝っていくために、私はこの似通った２つのマーケティング戦略を学んでおけば、あなたが市場で、どう戦うのかの戦略を決定するのには、十分だと思慮しています。

大企業の闘い方と、そもそも弱者である私たちの闘い方は、違っています。闘い方が同

じであれば、必ず私たちは負けて、資金力や人材が勝っている大企業が勝ちます。**あなたの闘い方は、「差別化」「集中」して、何かの分野で「1位」になることしかありません。**逆に、**あなたが絶対にやっちゃいけない、参加してはいけない闘い方とは価格競争です。**価格競争やサービス合戦は、大企業の闘い方で、結局のところ、資金が豊富なショップが勝ちます。しかしながら、価格を安くする、値段を下げることは作業として簡単ですし、安ければ購入されるかもという安直な発想から、多くのショップがほとんど頭を使わないで価格競争に参加し、苦しんでいます。売れても利益が出ない、忙しいのに利益が出ないのは悲惨です。

**差別化戦略とは「価格以外の面で、顧客へ価値を訴求する戦略」です。**例えば、小さなネットショップであれば、ブランディング活動による高級感や希少性、独自性などを顧客に訴求する方法が代表的です。そして、この他には、他者がやっていない新たな機能を製品に追加する方法、購入後のアフターサービスなど付加価値を追加する方法もありますが、やはりブランディング活動によって、ターゲットにとってブランドになることをお勧めします。

**集中戦略とは「特定のセグメントに経営資源を集中させる戦略」です。**一言で言うと、何かに特化（専門）することです。いろんなモノを、誰にでも販売するのではなく、何かの専門店になって、特定のターゲットだけを対象にして、ビジネスを行うことです。

私は、ブランディングによる差別化と、ターゲットを絞りに絞り込んで、特化した商品を販売して、ニッチ市場で1位、つまり№.１にあなたのネットショップがなることで、半ば自動的に顧客は強いファン化し、リピート率も高く、口コミも自然発生することで、半ば自動的に新規顧客を獲得できて、儲かる、この戦略をあなたに強くお勧めします。私がコンサル指導を手掛けると、どのクライアントもターゲットを絞り込まれ、何かの専門店としてネットショップを運営し、闘っていきます。歯科患者向けビタミンC専門、富裕層向け和牛赤身肉専門、40代の美容液専門、金色専門ショップ、水玉専門高級アクセサリー……といった感じです。

## 新規顧客獲得と、リピーター創出は別々の作業

あなたのネットショップで、はじめてお買い物をする顧客、つまり新規顧客が最初から利益がちゃんと出る5千円とか1万円の商品を買ってくれて、何度かリピート注文をしてくれるのは理想的で、ラッキーですが、儲かっているネットショップがどこも２ステップマーケティングを取り入れているのは、どうしてでしょうか。それは、新規顧客を一人、獲得することは本当に難しいことだからです。新規顧客を獲得するためのフロント商品は、５００円とか９８０円とか買いやすい値段設定がされています。中には、

100円というネットショップもありますし、無料配布をするショップさえあります。それほど、難しいということで、各ショップ必死です。新規顧客を獲得するには、新規顧客獲得専用の戦略で臨むべきです。また、フロント商品を購入してくれた新規顧客に対して、次の段階であるバックエンド商品を購入してもらいリピーターとなってもらうためには、これ専用のリピーター創出戦略を実行するのが効率的です。多くの成果がイマイチなネットショップのオーナーは、こう明確には整理してネット通販ビジネスに臨んでいません。顧客を集められず、利益を出せないネットショップのオーナーには〝繊細な戦略〟がありません。ざっくりとしていて、どんぶり勘定でビジネスに臨んでいます。

利益は、バックエンド商品を購入してくれるリピーターから産まれます。リピーターは、新規顧客がいないと産まれません。**リピーターは、リピート注文3程度でいなくなってしまいますから、新規顧客は獲得し続けなくてはいけないものです**。

新規顧客は、主に検索される対策と広告、パブリシティ活動で獲得します。リピーター創出は、メルマガやDMで行う、それぞれ別々の考え方で行う作業です。

## ▼1年目で体得したい、勝てる広告の打ち方

あなたが**「億」を狙うなら、広告の実施は必須**だと理解しておいた方がいいです。集客活動をして、最も短期間に効果を得やすい、言ってみれば、手っ取り早い集客手段が広告を打つことです。しかしながら、インターネット上で広告を出したことがある人は、意外に少ないものですから、そのほとんどの人の広告の打ち方は、戦略がなく、いい加減な広告出稿をしています。いい加減に広告を打つものですから、当然、成果も全く出ません。すると、〝ネット広告なんて、意味がない。無駄なものだ〟と短絡的に決めつけ、自分には非がなく広告全部が悪いものという価値観になっているのが、負け組のネットショップのオーナーです。

では、勝ち組のネットショップのオーナー、億稼いだネット通販の経営者は、どんな感じで広告を上手に活用しているかを披露します。まず、肝に銘じておいてほしいポイントは、広告を打って、欲しい成果を得るには、広告媒体の良し悪しだけではナイということです。たとえレスポンスの良い媒体を選んだとしても、広告原稿（コピーや画像）が適切ではないといけませんし、広告からのジャンプ先のランディングページの内容も適切でないと効果は出ません。広告と、そのリンク先のページはセットです。

どんな広告を選ぶのが最も効果的かと言うと、あなたのターゲットと合致している広

告です。しかも、お金を使う気満々の場所や人を対象とした広告媒体が最適です。具体的にどんな広告かは、ショッピングサイトに掲載される広告か、ショッピングモールの会員宛てに送信されるメールマガジン型の広告です。ネット広告と言うと、多くの人がすぐに思い浮かぶのは、検索連動型のGoogleやヤフーなどでのリスティング広告や、SNS内での広告、ポータルサイトであるヤフーなどでの広告でしょう。これらは、どれも全く悪い訳ではありません。可能性がゼロの広告なんて、存在しません。しかしながら、短期間で成果を得たいなら、できる限り、購買意欲が強くて、ターゲットがあなたの商品と合っている媒体をまず、選ぶべきです。

そして、広告原稿のコピーライトや画像は、**ターゲットを絞りこんだ上で訴求点をたった一つにして、クリックやタップされることだけをひたすら目指します**。広告原稿で購入してもらうのではありません。購入を促すのは、クリックやタップしてもらった後にジャンプした**ランディングページ**が、その役割を果たします。ですから、広告を出稿したら、ランディングページの冒頭は、広告原稿と合わせる必要が、その都度あります。億稼ぐネット通販ショップは、戦略がある上に、手間をかけているのが現実です。

ネット通販ショップに対して、電話営業でスポーツ新聞や地方紙、地元密着型の媒体から、安価な広告の営業があっても、ほとんど相手にしない方がいいでしょう。ましてや、経営者に対して、二流以下のタレントが取材するという広告媒体など、ほとんど何の効果もありませんから購入しないのが得策だと、私は思慮しています。

億狙うなら、広告費は少なくとも毎月50万円以上、できれば２００～３００万円をパブリシティ活動費も含めて、用意ができると躍進できる可能性を大いに広げます。そのためには、借入金による資金調達が普通は必要となります。あなたに、借入金に対する変な思い込みがないことを祈ります。そして、もちろん、収支計画やキャッシュフローの管理なども適切に行う必要があります。

## ▼メルマガは「タイトル」だけ頑張ればＯＫ

あなたは、〝メルマガ〟と聞いて、集客手段としてどう思いますか。世間では、特にLINE＠などを推奨している人達からは、時代遅れで効果がないツールだと、半ば揶揄されていますが、私の見識は真逆です。**Ｅメールによるメールマガジンは、確かな効果がある集客方法として健在です。**現に、あなたのメールボックスにも今日もたくさんのメルマガが届いているのではないでしょうか。なぜ、送る事業者がいるのでしょう。中には、毎日送信しているネット通販ショップもいます。それは、一定の効果があるからで間違いがありません。

メルマガを送る前の準備段階で、メルマガ作成がありますが、あなたは受信者に示される〝タイトル（件名）〟をどう付けるかに、メルマガ作成のエネルギーの大半を注ぐべきです。本文のストーリーに苦心したり、きれいに作ることに時間をかけ過ぎるのは無駄です。なぜなら、メルマガが果たすべき最終的な役割は、受信者が、本文中からジャンプして、ランディングページなどのショッピングページに〝移動させる〟ことだけだからです。注文が少なくて、労働時間が長く生産性が悪いネットショップは、成果に大きな影響を及ぼさない部分に、時間とお金をかけ過ぎている傾向が見られます。なぜ、そうなってしまうのか。それは、それぞれの作業をビジネス全体から見て、どんな役割を担っていて、結果にどの程度の影響を与えるかを適切に理解していないからです。メルマガを読んだ人が、メルマガだけで購入を決定することは、ありません。購入判断は、ランディングページで行っています。

　メルマガのタイトルに思いっきり、注力してほしいのは、メールを開封してくれないと、何も始まらないからです。本文のストーリーや見栄えのいい画像を考えたり、制作することよりも、１００倍、**思わず開封してしまうタイトル**を頑張るべきなのです。

## ▼ランキング入りと、レビューの収集は、コンバージョン率を高める

あなたがネット通販ビジネスに参入し、ショッピングモールである楽天市場に出店し

たとしたら、まず1年目にぜひ注力してほしいのが、**ランキング入り**と**レビューの収集**です。

楽天市場は、ランキング入りしやすい仕組みになっています。どんな仕組みかと言うと、取扱い商品のジャンル分けがとても細かく設定されている上に、ランキングの集計タームが、年間、月間、週間、デイリー、リアルタイムと分けられています。あなたの商品も枝分かれした細かなジャンルで、短期間であれば、〝楽天市場で1位〟になれる可能性が大いにあります。例えば、ダイエット分野であれば、まず、ダイエットドリンク、ダイエットスイーツ、ダイエットフード、ダイエット器具、ダイエットウエア・サポーター、その他と分類されていて、ダイエットドリンクであれば、さらに細分化され、ダイエットティー、ダイエットコーヒー、ダイエットシェイク、ダイエットココア、ファスティングドリンク（短期断食）、ゼリー飲料、酵素配合飲料、グリーンスムージー、その他と分けられています。念のために、繰り返しますが、これはダイエットドリンクだけのジャンル設定で、ダイエットスイーツ、ダイエットフードなどもそれぞれ下位層が細かく用意されています。楽天市場のダイエットジャンル全体で1位を獲るのは簡単ではありませんが、例えばダイエットココアで、しかも短時間のリアルタイムランキングやデイリーランキングでなら**楽天1位を獲れる可能性**は大いに高まります。

これは楽天市場の組織としての戦略です。できるだけ多くの商品に、何らかの1位を獲りやすくしてくれていて、1位の称号は宣伝材料に打ってつけですから、出店ショップは集客しやすくなり、結果として楽天市場全体が儲かるという戦略です。

また、新規顧客になってくれそうな人は、初めての商品を購入する時、**特に女性に多いのですが、他の購入者のレビューに目を通します。**どんな評判なのかを確かめて、買い物を失敗したくないからです。レビューがほとんど書かれていない商品は、あまり売れていない商品だと事実はどうであれ、見込み客はそう判断します。レビューは、誤解を恐れずにあえて言うと、内容よりも件数が多いことが見込み客にとって重要です。5点満点のレビューが3件書き込まれているよりも、点数に偏りなく30件書き込まれている方が適正で、信用できそうなショップや商品に、見込み客には映ります。レビューがかなりたくさん書き込まれているのと、全く書き込まれていないのでは、コンバージョン率が210倍も違ったケースに出合ったことさえあります。**レビューの多さは、見込み客に安心を与えますから、ランキング入りを狙っていくことと同時に、フロント商品の購入者には、意図的に働きかけてレビューを書いてもらいましょう。**

どんな小さな分野でもいいから1位になることと、レビューをできる限りたくさん書いてもらうことは、コンバージョン率を高めて、2年目以降の新規顧客獲得を非常に楽にします。

## SEOの本質的な考え方を知ると、無料で検索上位になれる

あなたは、いわゆるSEO対策、検索結果対策を行っていますか。その対策法は何を根拠としていますか。つまり、「検索結果というのは、〇〇の考えで行われているので、私は××を検索結果対策として行っている」と答えられますか。ほとんどの人は、答えられません。なぜなら、全く検索結果対策を行っていないか、やっていても、噂や伝説程度に聞いたことを理由としているだけだからです。

検索結果対策について、本質的な話をします。

それは、検索結果を作っている **"Google"** を理解することです。

検索結果に関与している登場人物は4者です。グーグル、検索者、サイトオーナー、広告主のことです。グーグルは、広告が欲しいです。広告主はアクセスを求めます。検索者は検索意図と合致したサイトが検索結果として表示されていると便利で嬉しいです。つまり、グーグルはできる限り、検索者の検索意図に沿った検索結果を表示しないと、検索者にとって"使えない検索エンジン"と評価され、グーグルを使わなくなってしまいます。ユーザーが減ると、広告も減るから、グーグルは検索者にとって役立つサイト作りをサイトオーナーに求めますし、検索者に不快感や不便を感じさせるサイトは、検索結果の上位に持って来ようとはしないはずです。検索結果表示のアルゴリズム（公式）

は、誰にも分かりませんから、どれだけ優秀なSEO業者であっても、それは〝推測〟によってなされているということでは、私たちと同じような立場にすぎません。

私は、ホームページ、ブログをアクセス者が知りたい〝正解〟を提供する場だと理解して、コンテンツを更新し続けています。あなたも、**ホームページやブログは〝ターゲットのもの〟として、自分が言いたいことを発信する場ではなく、ターゲットの調べ事に答える場として、運用してください**。そうすれば、自ずと検索結果は上位に上がって来るでしょう。ただし、時間はかかります。

### ▼TVパブリシティで超・飛躍するために、1年目に取り組むべきこと

最近では、テレビを見る人は、一昔前と比較するとかなり減っているようですが、**地上波テレビの影響力は、まだまだ健在です**。私はテレビでは「科捜研の女」「相棒」などの刑事ドラマと、蛭子能収さんらが出演する旅番組などを好んで見ているのですが、今の視聴者のテレビの見方で、以前にはなかったのが、スマホで検索しながら視聴するスタイルです。視聴者がスマホで何を検索しているかと言うと、言ってみれば〝登場するモノ全て〟が検索対象です。地域、レストランやカフェ、専門用語、洋服やアクセサリー、企業や学校、もちろん登場人物もです。テレビを見ていて、チラッと映った飲食店

を検索すると、たちまち混雑していてネットが繋がらない、健康番組で医師が推奨したサプリメントを検索すると、途端に、楽天市場のリアルタイムランキングで1位になっているなどという現象は、日常茶飯事です。

実を言うと、私が１１０億円以上、ネット通販でヒットさせてきた商品のうち半分くらいは、パブリシティ活動によって、ニュースや情報番組、健康番組、経済番組などのテレビ番組に取り上げられたことが大きな一因となっています。ＣＭではなく、テレビ番組の中での〝ネタ〟として、あなたの商品が取り上げられると、売上は一気に加速します。桁が二桁変わるということも大いにあります。毎月数十万円の売上げが１千万円単位で売れて行くというような現象です。

ただし、地上波テレビの番組やYahoo!ニュース、大手の新聞、有名雑誌に、情報として取り上げてもらうには、それなりの高いハードルがあります。基本的に、話題になっていなくてはいけません。話題になるには、売れていることが最低条件です。マスメディアは、一応、公共性や社会性、新規性という役割があることになっていますから、あなたの商品に、そういう側面があり、そして、テレビであれば映像としての魅力も必要になってきます。

テレビ番組などメディアへのパブリシティ活動は、専門のＰＲ会社に任せることが無難ですが、あなたが定期的にプレスリリースを、リリース配信サービスを利用して、メディアとの接点を作っていくというやり方も実現性は低いですが、あります。プレスリリースでは、書き方が重要です。先ほども触れた、あなたの商品に公共性や社会性、新規性があることを単なる宣伝でなく、情報としての切り口で報道各社向けに発表します。ここの企画力に長けていて、メディアと具体的なコネを持っているのが、優秀なPR会社で、あなたの商品のメディアでの露出を産んでくれます。

あなたは、もし可能であれば商品企画をする段階から、メディアにウケるネタの種を商品に仕込んでおきましょう。そして、メディアの方から取材の申込みがあるくらい、たくさん販売してください。そして、戦略的パブリシティ活動を行って、テレビ番組に取り上げられる機会を掴めば、高確率で売り上げは加速的に伸びて、〝億〟の世界は現実味を帯びます。

## ▼アクセスは、少なくてOK！ コンバージョン率の方が重要

あなたのように、ターゲットを絞り込んで、何かに特化した専門のネットショップを運営する時、アクセスはそれほど集まらないことが普通にあります。それは、冷静に考えれば、ターゲットを狭めた集中戦略を行っている訳ですから、当たり前の事と簡単に理解できるのですが、感情的についい他と比べて、アクセスが少ないからと焦ってしまう

人が非常に多いです。

しかし、重ねて言いますが、あなたのショップは「ターゲットを絞った、何かに特化した専門店」ですから、一般全体を対象としていません。ですから、自ずと対象人数が絞られるので、アクセスも少なくなって当然です。誰もがターゲットになり得る食品やアパレル、医療や旅行などの分野とは、比べ物にならないくらいアクセス数は少ないです。ただ、あなたの特化しているショップへのアクセスは、一般的なショップのアクセスと比較して〝質〟が全然違います。関心度や購入意欲が断然、熱心で強いアクセスなのが、あなたのショップです。

例えば、コスメなら何でも揃っているネットショップにアクセスした人よりも、50代以上の女性をターゲットにした保湿専門ショップにアクセスした人の方が、当然に保湿商品に関心や購入意欲が強いはずでしょう。しかし、アクセス数と言えば、何でも揃っているショップの方が、はるかに多くなります。

**あなたは、アクセス数において、量より質を重視するべきです。**いかに、関心度が強いアクセスを集めるかです。かつて、私は口臭予防専門ショップの運営を行っていました。アクセス数は、一日たったの20くらいで多い日でも、せいぜい40だった事を記憶しています。しかしながら、この特化しまくったショップでのコンバージョン率は凄まじかったです。はっきり言って、嘘だと思われる数値です。コンバージョン率80%のネットショップでした。20アクセスであれば、16件の注文、40アクセスであれば、30件以上の受注がありました。これが、365日ほとんど毎日このペースで、とても効率よく儲かりました。アクセスしてくれた人達は、切実に、この商品や情報を求めていたということです。通常の何も工夫しないネットショップのコンバージョン率は、0・01％程度、ヒットショップで3％ほどです。これらと比べてみたら、この80％という数値がとんでもない驚異的だという事を納得していただけるでしょう。

資金が豊富な大きな会社のネットショップは、例えば、Yahoo! などのポータルサイトに広告を出して、大人数にアプローチをしてコンバージョン率が1％というのを狙います。分母が大きいので、1％でもかなり大きな売上げを作ることになります。一方、あなたのように大企業ではないネットショップの場合は、広告を打つにしても、検索対策をするにしても、とても絞り込んだターゲットにだけを対象にしてください。**アクセス数よりもコンバージョン率重視で勝負**をします。

ここで、重要なことを一つ。

**せっかく絞り込んだターゲットを、〝もう少しアクセスが欲しい〟〝ターゲットを拡げれば売上げも伸びるはず〟と思って拡げてしまうと、ほぼ100％失敗します。**

理由は、ターゲットにとって、中途半端で分かりにくい商品やネットショップになってしまうからです。50代女性専門保湿ショップだったものを、中高年のためのスキンケアショップとすると、たちまち訴求点がぼんやりとして、消費者にとっては「このショップは、私に最適だ！」と感じにくくなってしまいます。結果、コンバージョン率は下がって、失敗。最悪、閉店、撤退となるのですが、私はそういうショップをいくつも目のあたりにして来ました。失敗する原因は、ネットショップのオーナーの「感情」による間違った判断をしてしまうことにあるのです。

# 接客編

## ▼ネット通販における「接客」って？

ネット通販で〝接客〟というと、メッセージやメール、電話で見込み客や顧客と話し、受け答えをすることだけだと思い込んでいる人がほとんどです。これでは認識として、不十分です。ネット通販で、顧客らと接する機会を思い浮かべてください。まず、ショッピングサイトやホームページ、ブログやSNSで、接しますよね。ですから、これらのweb類全部は接客手段です。

ホームページ〝で〟接客することはできますが、ホームページ〝で〟集客することはできません。何らかの集客活動によって、ホームページ〝に〟集客し、接客を行います。**webに掲載すること全ては、接客活動**ということを理解し認識するだけで、書き方が変わってきます。**自分が言いたいことではなく、アクセス者が知りたいことを掲載するのが接客です。**

さらに、顧客と接する機会があるのは**配送**や**梱包**です。注文を受けて、宅配会社によって配達し、顧客は受け取り、梱包されている荷物を開封します。顧客は、梱包状態から購入したネットショップの質や能力を敏感に感じ取っています。

かつて、私はこんな連絡を受けたり、レビューに書き込んでもらったことがあります。「商品を受け取りました。梱包状態から配達するドライバーさんへの尊敬と、受け取る私への心遣いを感じた素晴らしいショップだと思いました」「問題のない商品でした。このショップの方の商品に対する愛情を感じました」と。顧客は、注文した商品自体が届きさえすればいいのではないようです。**梱包一つに、ショップ全体を感じ取っています。**

逆にこんな経験をしたことがありました。私が注文した商品が送られてきたのですが、何の説明書や納品書もなく、ただ商品がビニール袋に入れられて、届きました。確かに、私が購入した商品がちゃんと届いたのですが、やはり〝いい気分〟にはなりませんでしたし、結果的にリピート注文もしませんでした。過剰な梱包は資源的にも労働の負担としても良くないですが、商品さえ引き渡せばそれで良いというのも味気ない話です。日本人の長所は、心遣いと程よいおもてなしではないでしょうか。

また、これは対応が難しいのですが、宅配会社のドライバーのコミュニケーション能力で、顧客を失うこともあります。宅配会社のドライバーは配達先エリア毎に、ある程度固定されていることが多く、「××会社の配達員は気持ち悪いから、〇〇会社に配達を変えてほしい」そんな要望が顧客から発せられることも珍しくありません。ネット通販で顧客が注文すると、確かに「リアルな人」と接するのは、ドライバーだけです。宅配会社にはドライバー教育を期待しますし、同時に、ネット通販ショップにとって、宅配会社や、そのドライバーはなくてはならない大切で重要な存在なのだと、ネットショップのオーナーは認識しておかなくてはいけません。私は、コンサル指導のクライアントには、**ドライバーには、挨拶をきちんとすること、コミュニケーションすること**を教えています。なぜなら、それだけでも、荷扱いが変わることを経験しているからです。

## ▼お客は「神様」ではない、同じ人間

「お客様は神様です（三波春夫でございます）」のフレーズは、紫綬褒章を受賞された歌手の故・三波春夫さんの言葉です。三波さんを知らない世代にも、この〝お客様は神様です〟というフレーズは知れ渡っています。しかしながら、この言葉の意味をはき違えた人たちによって、日本の社会がいくらか荒れたのは事実ではないでしょうか。

自分がお客の立場で神様なのだから、販売者や事業の運営者よりも〝お偉い様〟なのだから、客は店員などに少しくらい悪態を付いても構わない。むしろ、店員は客の無理難題を何とかして叶えるのが当たり前だろ、という言動に出る消費者が急増していますし、販売者や事業者側も炎上や批難を恐れ過ぎて、そういう消費者に適切な対応をしな

くなってしまっています。

ただ、実は三波さんの真意は、「お客だから何をしても良い、あなたは神様なのだから」という意味でない事を、株式会社三波春夫クリエイツの〝三波春夫オフィシャルサイト〟で、きっぱりと説明されています。三波さんの真意は、彼自身が『『歌う時に私は、あたかも神前で祈るときのように、雑念を払って澄み切った心にならなければ完璧な藝をお見せすることはできないと思っております。ですから、お客様を神様とみて、歌を唄うのです。また、演者にとってお客様を歓ばせるということは絶対条件です。だからお客様は絶対者、神様なのです』』と説明し、つまり、〝雑念を払って澄み切った心で歌う〟と歌に向かう時の心構えとして、このフレーズを使ったということです。

誰でも分かる通り、**お客と販売者は公平な立場で、上下も優劣もありません**。商品と代金の交換をする関係です。公平というのは、販売者は強く認識しておかなくてはいけません。商品と交換で受け取る代金と同じレベルの満足感や利便性を、販売者は常に、お客に提供し続けるということ。お客にとって、コスパが悪いとは、「商品＋サービス＝代金」の、この等式が〝商品＋サービス＜代金〟になってしまっている状態です。これでは、お客さんに不満や不快を感じさせて、あなたのショップにリピーターは創出されず、レビューなどでたちまち悪評が広まってしまいます。お客さんとあなたは、公平にきちんとやり取りをすることが、結果的にリピーターを増やし、新規顧客獲得時のコンバージョン率が高まるということなんです。

## 売れる文章、買われる画像

何度も言いたいのですが、ネット通販は文章と画像だけを武器にして、ターゲットにお金を支払ってもらうビジネスです。あなたや制作者は、言葉に敏感でなければいけませんし、画像に対するセンスを高めなくては、売上げUPは見込めません。

通販で、ターゲットに買ってもらうための文章作成と画像の制作で、重要なポイントはただ一点です。

それは、**「ターゲットに寄り添いまくる」**ことだけです。

ターゲットに寄り添うとは、ターゲットを理解する、ということです。売れているショップ、勝ち組になっている会社の共通点の一つに、ターゲットへの関心が非常に強いという点があります。ターゲットはどんな人かの理解を深めまくっているのが、億稼いでいるネットショップです。ターゲットは、どんな暮らしぶりをしているのか。ターゲットは、どこのスーパーで買い物をしているのか。ターゲットは、どんな車に乗っているのか。ターゲットが、重視している価値観は何か。もちろん、ターゲットの欲望や不満を理解しているなんてことは、基本中の基本です。ターゲットへの理解を深めることで、使う〝言葉〟が自ずと決まってきますし、どんな画像を見せれば、意識や感情を揺さぶれるかも分かってきます。

例えば、私のクライアントの多くは富裕層をターゲットにしているショップが多いのですが、富裕層の人たちは、圧倒的に〝結果を重視〟します。現象としての結果、そして現象を受けた後の感情という結果も重要とする価値観を持っています。少し分かりやすく事例を挙げて説明すると、富裕女性のダイエット商品購入に際しては、どれくらいダイエットできたかという現象と、同時に、ダイエットできたことによって得られた同性への優越感や男性からの評価や反応を重視します。一方、同じダイエット商品を購入しても、富裕層ではない属性の人々は、これを手に入れる時の値段をまず重視すると同時に、ダイエットに対して、できるだけ楽がいいと、結果よりも過程を重視する傾向が見受けられます。ですから、富裕層に販売する時は、結果とベネフィットを訴求する文章と画像になり、そうではない属性の人をターゲットにする場合は、価格の値ごろ感や楽々を訴求点にする文章や画像にすると、意識を動かせて購入行動を引き寄せやすくなります。

**ターゲットに寄り添わない文章と画像では、買われません。**なぜなら、寄り添わないで制作された文章と画像は、販売者のあなたが一方的に言いたい事を書き殴った文章になってしまっていて、見せたい画像を押し付けているだけになっているから、ターゲットのアンテナを反応させることができないからです。

**売りたいなら、買ってもらいたいなら、いつもいつも〝ターゲット〟目線を忘れないことが大切です。**

## ▼買われるネットショップは心理学でターゲットの感情に寄り添っている

実は、私、もう何年間も心理学を学んでいます。専門の先生に定期的に来ていただいて習っています。

私が心理学を学んでいる目的は、二つあります。一つは、クライアントに役立つように、もう一つの目的は、私が行う集客や接客に役立てるためです。

心理学は、人がある条件下で思う事、行動する事のうち、比較的高い確率で生じる現象を体系化したものだと、私は理解しています。100％絶対ではないけれど、多くの人の思考や行動の傾向を知っているのと、知らないのでは、あなたが得られる成果は違ってくるとは思いませんか。ネット通販ビジネスを行っていく上で、心理学に裏付けられた多くの戦術を私はクライアントに伝え、役立ててもらっています。あなたは、自分だけの経験や知識に基づく〝勘〟だけに頼るよりも、心理学も活用する方が〝得〟すると私は想います。

例えば**「バンドワゴン効果」**。人は、それが流行ってると知ると、これを好意的に捉える傾向にあります。ショッピングサイトや広告で「大人気」「売れてます！」「楽天１位」などをキャッチにすると、商品は不思議と良いものだと認識されてしまいます。また、**「単純接触の法則（ザイオンス効果）」**は、接触する機会が増えると、その接触した対象について好意を持ちやすくなる傾向のことです。クライアントの多くは、ターゲットや既存客に向けて、ブログを頻繁に更新しています。また、メルマガを毎日配信しているクライアントは、ほとんど必ず毎日、メルマガ経由の受注を得られています。頻度高く接触すると、〝迷惑がられる〟〝鬱陶しがられる〟と委縮して、毎日の更新や配信をためらうネットショップもありますが、だんだん好意的に感じてくる見込み客や顧客も確実にいるということなのです。アスメルなどの〝ステップメール〟を活用して、顧客属性に応じたストーリー（内容）を配信して、顧客との関係作りを供花するのも有効です。

この他にも、たくさんの心理戦術があります。ヴェブレン効果、松竹梅の法則、アンカリング効果、フレーミング効果、ザァイガルニックテクニック、認知的不協和、シャルパンティエ効果、カリギュラ効果、一貫性の法則、ベビーフェイス効果、ウィンザー効果、マッチングリスク意識、返報性の原理、権威への服従原理、現状維持バイアス、損失回避の法則、バーナム効果、同調現象、ハロー効果……、挙げればキリがないほど、ネット通販で億稼ぐために〝使える心理学〟はあります。
あなたも、買われて稼げる確率を高めるために、心理学を活用してみてはいかがでしょうか。

## ▼こんなデザイナーは使えない

ネットショップで億稼ぐために、当たり前の話ですがショッピングページの〝出来〟はとても重要です。そこで、デザイナーをはじめとする制作者選びも大変重要となります。多くのネットショップのオーナーが犯しがちな間違いは、その人の背景や能力をあまり理解していないのにも関わらず、〝知り合い〟というだけで選んでしまうことがあります。もっと最悪なのは、webやネットに不案内なオーナーが、Word程度のPCを使える従業員に、〝パソコンが使える〟という思い込みだけで身近な従業員に、雌雄を決するショッピングページ作りを託してしまう、こんな事さえ、珍しくはありません。

**最高のwebデザイナーとして、まず最も大切な資質は、クライアントの目的の理解です。**ネットショップのオーナーは売り上げたい訳です。だから、商品を売るためのマーケティングの基礎知識を有していること、SEO対策の基礎知識があること、その上で、クライアントの目的に合わせてデザイナーの本業であるビジュアル処理ができる人で、これらが揃っているデザイナーは最高です。ただし、こういうデザイナーは高額ですし、あまり簡単には出合えません。また、売るデザイナーは決してすぐにはＰＣでの作業に取り掛かりません。ＰＣの前に座るまで数週間、時間をかけます。なぜなら、クライアントの目的や要望に対して勉強をするからです。ターゲットを研究する場合もありますし、商品に対する理解を深めようとすることもあります。ｗｅｂデザインの構想を手書きで作っていく人も優秀なデザイナーには多い特徴です。こういう人は、美大や工学系の大学、専門学校などで知識と技術をきちんと学び、仕事に対して、制作完了後にも〝売れたかどうか〟の結果を気にしてくれる責任感のあるプロフェッショナルです。

**最低で使えないデザイナーとは、クライアントの目的に寄り添わなく、自分の好みで〝自分の作品〟を作りたがる人です。**そういう人は、制作した結果について、意図や理由を説明できません。なぜ、そのサイズにしたのか。どうして、その色にしたのかなどを「今回のターゲットの場合、〇〇〇だからコレが最適だと考えました」と説明ができません。根拠と呼べない根拠は、〝何となく〟や〝好み〟と言った程度です。大した学びをしていない自称デザイナーには、くれぐれも気を付けてください。

そして、私が時折実行しているコストを安価に抑えて、自分の考え通りの制作物を得る方法を紹介しておきます。このやり方は、制作方針はもちろんのこと、デザインの下書きを細かく自分で書いて、デザイナーにはオペレーターとして、その下書き、言わば設計図通りにビジュアル処理を依頼するという方法です。自分で原稿を書いたとおりに、ほとんど仕上がって来るので、あなたが原稿さえ書ければ、デザイナーとのアンマッチもなく、時間短縮になり、コストも抑制できるやり方です。このやり方では、デザイナーを育てるという視点も含まれています。

## ▼低評価レビューには、大トラブルと大ヒットの、種が隠れている

あなたは、どこかのネットショップで買い物をして、レビューの書き込みを行ったことが何回くらいありますか。

レビューの書き込みをするのは、普通の人にとっては、かなりのエネルギーが要ります。理由は、〝わざわざ〟の行為だからです。最近では、レビューの書き込みをすると割安になったり、プレゼントをもらえるサービスも盛んになってきています。なぜなら、ネットショップにとって、〝レビュー〟は宣伝材料になり、コンバージョン率をアップさせる要因にもなり得るからです。ただ、中には辛辣な内容のレビュー、低評価の採点がされることもあります。

私は会社員時代に、終日、毎日2年間クレーム対応をしていた時期があったのですが、その体験も踏まえて、**低評価のレビューこそ、あなたはちゃんと目を通すべき**だと認識

しています。

なぜなら、低評価のレビューにはネットショップを助けたり、躍進させる〝種〟が埋め込まれている可能性があるからです。その後、大きなトラブルや事故に繋がるフレーズが書き込まれている可能性もありますし、ヒット商品に育てるキーワードや改良ポイントを教えてくれている場合もあります。

例えば、残念な例から紹介すると、ある化粧品について皮膚トラブルとも読めるレビューの書き込みが数件あったにも関わらず、そのネットショップでは〝大げさな表現〟とか〝個人差〟と解釈して、具体的な対応をせず放置した結果、類似のクレームが増え続け、遂には社会問題化して、販売停止、商品は回収、返金はもちろんのこと、損害賠償にまで問題は発展してしまいました。このネットショップの原因は、オーナーや会社の雰囲気にありました。クレーム対応の担当者には分かる話なのですが、消費者からの苦情を受けたら、その場で〝鎮める〟のが役割で、収めて当たり前という雰囲気が多くの他のショップにも蔓延しています。ですので、問題解決できないで、問題が継続する案件の報告ほど、本来、社内で重要視しなくてはいけないはずですが、逆に〝上に〟上げにくくなってしまい、問題は見えなくなってしまいます。

逆に、顧客から書かれたレビューのフレーズが、その商品をヒット商品へと変身させた例もあります。レビューに「顔のカスがボロボロ取れる」と書き込まれた洗顔料がありました。安全性を確認した上で、それまで想定していなかったピーリングの作用について訴求をするとみるみる商品は売れまくりました。また、ある食物繊維を主力とした健康食品の場合は、これによる排便量の凄さをレビューによって再認識し、フロント商品では分かりやすく、ダイエット食品として健康志向品から方向転換を図ったところ、一日の売上げが1千万円オーバーという実績を残せました。

ユーザーであるお客様の声、レビューからは、ショップの担当者が想像もしなかった問題点や、豊かな表現がなされることが少なくありません。書き込まれたレビューを読むと、当初は一喜一憂してしまうのがショップのオーナーですが、事実を確認して、大きく問題化する前に未然にそれを防いだり、素直で豊かなユーザーの表現を広告宣伝に活かすと、更なる期待と共感を呼べて大ヒット商品にもなり得ます。

## ▼梱包クオリティーが、リピーターを産む

**〝梱包〟は重要なネット通販ビジネスの工程です。**なぜなら、顧客との接点だからです。顧客は、注文した商品の梱包状態を開封しながら、繊細に〝感じ〟ています。何を感じているかと言うと、大切にされているかをです。私は、このショップから丁寧に大切にもてなされているか。そして、このショップは、販売している商品に愛着を抱いて

大切にしているかも、梱包状態からも感じています。

顧客は、届いた荷物を開封する時、期待でワクワクしています。ワクワクに応え、期待を上回ると、「何て、素敵なショップなんだ」「ブログやＳＮＳに載せてみよう」「このお店の素晴らしさを他の人にも知らせたい」「定期購入してみよう」などと表明してくれます。**リピート率をアップさせるのは、商品の本質だけではありません。**それは素晴らしく味が美味しいレストランがあったとしても、必ずしもリピートしないのと同様です。美味しくなくても、心地よくて、何度も通いたくなるレストランもあります。

「梱包は、重要な接客」です。接客は、リピーター創出やギフト需要などの売上げを作り出すのに、とても重要です。

## ▼高コンバージョン率のＬ・Ｐ（ランディングページ）の作り方

まず、決してやってはいけない**禁止事項は、準備もなく、いきなりＰＣの画面に向かって制作作業を始めようとすること**です。これは、言ってみれば、設計図がないままマンションや住宅の建築を始めてしまうのと、ほとんど同じくらいの愚行です。

まずは、設計図、つまり少なくともページ構成案くらいは、〝手書き〟で作っておくべきですし、できれば、Ｌ・Ｐに掲載するテキストの下書きを一言一句きちんとこだわって書いてみることをお勧めします。これを、私がクライアントのL・P制作を受託した際には、必ず実践しています。その中には、「ある位置で、○○○の内容の画像を置く」「何色の罫線を引く」「どんな形や色のボタンを配置するか」など、全て設計図のように書き記します。

L・Pの流れは、リズミカルであることが大切です。リズミカルとは、アクセス者にとって、ポンポンと読みやすく、まさに流れるようにページの下部に進んでしまうということです。

コンバージョン率が高いL・Pの設計図を書くためには、前提として、獲得したい理想的の顧客像（ターゲット）を明確にしておかなくてはいけませんし、商品のセールスメッセージも絞っておく必要があります。設計図ができ上がってから、初めてPCに向かって制作実務の開始ですが、魅力的な画像の用意が済んでいなければ、適切に済ませておきます。そうです。**PCに向かうのは、本当に最終工程**です。それまでに、〃部品〃を用意しておいて、ただ組み立て作業をするのが、PCに向かう段階と理解してください。ただ、これでは見た目が整うだけですから、SEO対策も施しておく方が良いでしょう。

高コンバージョン率のL・Pにするには、チームで制作するのが適切です。最重要ポジションは、戦略部分の指示を進行管理をする出すディレクターで、他にコピーライター、コーダー、デザイナーが必要です。ディレクターとコピーライター、コーダーとデザイナーなど、両方できる人材がいれば、時間短縮もコスト抑制も可能な上で高コンバージョン率のＬ・Ｐ制作が実現できるかも知れません。

# 第6章

# 成功を
# ２年目以降も
# 持続させるための
# 「会計と法律」知識

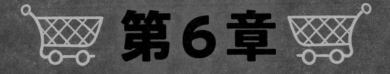

# ルール6

# 会計と法律を知らないで
# 成功を持続させられる
# ネットショップオーナーはいない！

### ▼ネットショップのオーナーが、会計と法律を知っておかなくてはいけない理由

マインドを整えて、やる気満々でネット通販ビジネスで勝つための専門的な知識と技術を習得し、たくさん売り上がったとしても、会計知識と法律知識が乏しくて、悲しい末路となる経営者は少なくありません。**悲しい末路とならないためには、あなたは会計と法律を知っておくべきです。**

悲しい末路とは、はっきり言ってしまうと「売ったのに利益がない」「売ったのに、法律を犯してしまっていて、罰則を受けてしまう」ということです。売上げをたくさん作ったのに、儲かっていなかったとか、知らずに違法行為をしていて犯罪者になってしまっては、その時点で、それまでの努力は水の泡と化し、これはリアルな人生ゲームで、所持金ゼロや前科者とされて、スタート地点に戻されるようなものです。想像するだけで、身震いするほどぞっとします。

実際、私の周りにも会計と法律を学ぼうとしない経営者や起業家は多いです。もちろん、彼らの共通点はうまくいっていないか、過去良かった頃があったのに、それを持続または成長させられていない状態に陥っています。

**会計を知っておいた方がいい理由は、利益を出すためです。**

## 法律を知っておくべき理由は、犯罪者にならないためです。

イケイケのオーナーや起業家ほど、たくさん売り上げるための営業テクニックに長け、奇跡的とも呼べる資金調達を可能にする人間的魅力が備わっていますが、これらは利益を出すことや順法主義と、完全一致（イコール）の関係性にはありません。イマイチな経営者と話していると、「利益」「経費」「費用」という言葉を曖昧に使っていることに気付きます。きちんと経営をしている者にとって信じられないですが、利益の意味、経費や費用の意味をはっきりと分かっていないのです。ましてや、経常利益や営業利益、固定費や限界利益という類いは、チンプンカンプン。経営はお金の視点では、利益を出して儲けるために行うものです。いくら売り上げていても、赤字が続いて資金繰りが立ち行かなくなると閉店、倒産してしまいます。

私も含めて、一般的に利益よりも〝売上げ〟という言葉を頻繁に使うのは、意味が単純で話しやすいからで、これは便宜上です。あなたやあなたの従業員たちは、いつでも利益を追求する癖を付けておくべきです。ネットショップや会社を続けるのに必要なのは、利益です。

そして、法律知識についてですが、ビジネスをしていて、〝○○すれば、もっと簡単に儲かるのになぁ〟とあなたが思いつくことは、ほとんどの場合、他の誰かも考えているはずだと想定してください。もし、そのやり方をほとんど誰もやっていなければ、まず、リーガルチェック（法的確認）をしましょう。例えば、ネット通販では景品表示法や商品によっては、医薬品医療機器法に抵触するやり方だから、他のほとんどの人がやっていないのかも知れません。出資法も要注意です。あなたに法律知識があろうとなかろうが、違法行為を犯せば、逮捕されたり、罰せられる対象になり得ます。

調べたら、日本には法律は２０００ほどあるみたいですね。これらの全てを理解しておかなくても、あなたに直結している法律だけは少しは知っておいた方がいいです。なぜなら、知らないうちに犯罪者にならないためです。

### ▼限界利益と損益分岐を知っていれば、儲けられる

私が起業してスグに、会計について学んだ本は、２冊です。『人事屋が書いた経理の本』（ソーテック社）と『会計天国』（ＰＨＰ研究所）です。

とにかく会計を完璧に知らなくても、ポイントだけは知っておいた方が、経営に対して無難だとは思いませんか。そのポイントと呼べるのが、限界利益と損益分岐です。なぜなら、二つとも儲けが出るか出ないかの基準だからです。**利益を出したければ、利益が出る基準を知っておく**と、出しやすくなるのは必然です。いくら売れば、黒字になるのか。いくらまで値引きしても利益が出ているのか。顧客への送料サービスやポイント

還元は、ショップの利益を引き寄せる武器にちゃんとなっているのか。逆に、固定費など支出をどれだけ抑えれば、簡単に黒字になるか。値引き幅を圧縮したり、顧客へ送料負担を求める、ポイント還元率を下げて、売上げが下がることは、ショップの利益のために本当に良くないことなのかも、計算すれば具体的に分かります。

知っていると、本当に楽なんですよ。自ら進んで、赤字という危険に進んで行くようなバカな行為を無策にしなくなるからです。会計の勉強は、本当にしておいた方がいいです。

## ▼「損切り」できる人が、勝つ人

損切りは、とても重要です。損切りとは、別の表現をすると〝**途中、勇気ある撤退をする**〟ことです。

ネット通販で今、億稼いでいる人が、常に適切な判断をしている訳ではありません。判断自体を間違えることも当然あります。政治や国際問題からの影響を受けて、社会状況が変わって想定外の結果になることだってあります。勝つ人、賢い人は、状況を見極め、柔軟に先の判断を見切ることを意識的に行っています。

もちろん、私も当初の判断を〝自分は間違えた〟と認め、受け入れて、損切りした経験は一度や二度ではありません。数年間、複数のクライアントのｗｅｂ関係の制作を委託していた会社の〝手抜き〟を察知して、警告を与えたものの私の期待に応えてはくれなかったので、クライアントに対して制作スケジュールを守れないことと、自ら前金を支払っていたものの、この会社との取引を停止したことがありました。結果、別の制作会社と出合えて、クライアントにとって〝望む結果〟を引き出せたので、短期的には金銭的な損害を被りましたが、手抜き感満載な成果物をクライアントに見せないで済み、自分の信用を落とさずに済み良かったと考えています。他にも、賃貸不動産の契約金を支払っただけで、一日も活用せず解約したこと、購入したＰＣが使いにくく、全く使用しなかったこともあります。これら全て、私は適切な判断をしたと満足しています。

損切りをしなくても済むように、何であれ都度、適切に判断することを目指しているものの、違和感を覚えたら、できるだけ速やかに、その判断を見切って、損切りすることは、〝大損〟しないことにつながります。ここで最も大切にするべきは、損を減らすことです。損切りできない人の方が圧倒的多数なのですが、それは事実関係を整理して、重要度の優先順位を細かく付けられないからだと私は感じています。

先ほどの例で言えば、

・手抜きのｗｅｂが量産されること
・成果を得にくいｗｅｂをクライアントに納品してガッカリされること

・高額な前金を支払って返金されないことや、この会社と仲違いになること
・別の適切な制作会社に出合うかどうか不明なこと
・クライアントに遅滞を報告し理解を得ること

これらの中で、私のミッションとして最も大切にするべきことは何か、そしてお金のことであれば、その金額は何とかして凌げないのかと思案する余裕が必要です。損切りできない人は、〝全部欲しく〟て、要らないものを選べない人です。損切りできない人は、その後、何も得られないか、どんどん損を膨らませていきます。そして、損切りすることで得られる最も価値があるのは、〝いい気分〟です。面倒くさくて、疲れ切ってしまう、他の仕事やプライベートにも悪い影響を及ぼす〝悪い気分〟から抜け出すために行うのが、損切りなのです。

## ▼スタート時に、「撤退基準」を持っておこう

私はかつてのアメリカ人上司に「日本人が作る事業計画書は、どれもこれも右肩上がりのものばかりで、うまくいかなかった時のことが全く想定されていない。いつもうまくいくとは誰も考えていないのに」と言われたことが、本当に忘れられません。ズバッと、本当のことを言われて、日本人の〝魂〟を見透かされたように感じたからです。他

の上司から教わった**〝いつも最高の結果と最悪の結果を想像しておけ〟**というものと合わせて、私はこれ以降、うまくいかなかった時のことも具体的に考えておく習慣が付きました。

あなたが意気揚々と、ネット通販ビジネスに参入をする時、やる気と希望に溢れていることでしょうが、同時に、私は〝どんなタイミングで撤退するか〟、つまり閉店や廃業をするのかを決めておくことをお勧めします。事前に撤退基準を決めておくことで得られる最大のメリットは、決めた撤退基準を大きく上回る〝痛手〟を被ることを回避できることです。そして、基準さえ決めていれば、その基準にかなり近づくまでの間は、抽象的な不安に惑わされたり、迷ったりしなくて済みます。これは言わば、決めた撤退基準までは、思いっきり頑張ることに没頭できるという成果を得られるということです。

私が起業した時も、撤退基準を決めておきました。その内容は、

・もう誰もまとまった資金を貸してくれない
・家賃の滞納残高が75万円以上
・キャッシングできるクレジットカードが残り1枚

この3点セットが揃った時に、ほんの少しの余力を残して、会社を畳んで、近所のスーパーの品出し係りのバイトとヤマト運輸の深夜バイトを掛け持ちしようと想定していました。このような状態になるということは、借入残高が数千万円となり、キャッシング

して借金を返済する自転車操業をしている状態です。しかしながら、あと1枚、キャッシング可能なので、少しずつ借金を返しつつ、安いアパートに引っ越せ、アルバイト生活に入れると考えたのです。さて、実際はどうだったか。ほぼ、この基準近くまで危機は訪れました。しかしながら、基準に達する寸前で、私はV字回復を果たせました。V字回復を果たした要因は、まさに基準を作ってあり、その基準に達しないタイミングで経営の復活劇を断行できたからです。

基準がなかったとしたら、抽象的な不安につぶされて、頑張り続けられなかったはずです。タイミングが明確だからこそ、その時までに何とか経営を回復させようと具体的な行動をしました。ターゲットを変更することと大幅な値上げがそれです。コンサル指導料金を4倍に値上げをしたことで、私には利益と時間、精神的な余裕を得、春が訪れました。この4倍の値上げに関連する事業刷新が、私の今のコンサルティングの基礎となっており、**〝魔術師〟**と呼ばれ始めた理由はここにもあるのです。

### ▼現金支出は緩やかに。金利を払ってでもキャッシュを残しておくこと

この考え方には、反対する人は本当に多い。特に、女性に多いようです。**金利を払ってでも、支払いを緩やかにして、手元の現金をより多く残しておく**考えです。

例えば、私は何台も高額なPCを購入しているのですが、10回以上払いで購入していま す。もちろん、カード会社に金利を支払っています。金利を支払わずに済む一回払いや 二回払いをする現金を持っていないかと言えば、あります。それなのになぜ、金利を払 い分割払いを選んでいるか。それは、危機感です。今月末に全ての入金がなかったら、 どうしますか。来月末も再来月末も。その後、ずっと入金がなかったら……。そういう 発想の危機感です。

売上げを立てても、代金を回収できなければ、たちまち困ってしまうのは自分です。債 権をいくらたくさん持っていても、お腹いっぱいになることはありません。また、私や 家族、関わってくれている色んな人達に、予期せぬ事態が起こり、急な現金しか使えな い出費があった場合にも備えようという意識もあります。安倍内閣の下、キャッシュレ ス決済が進められている国内ですが、北海道で地震が発生し、コンビニなどでの食料品を問題 となった際のことをあなたは覚えていますか。あの時、コンビニなどでの食料品を問題 なく、買い物をできたのは、〝現金〟を持っていた人でした。

これからの時代はだんだんと変わっていくでしょうが、未だに〝現金が邪魔〟、〝現金 は無価値〟となる場面は、大勢を占めることは考えにくいのではないでしょうか。

「金利を払うのはバカだ」というのは、ずっと〝通常〟が続くものだと思い込んでいる オメデタイ人の発想だと、私は想っているんです。

## ▼最も簡単な資金調達法は、新たに法人設立をすることで

ネット通販ビジネスをスタートさせて、当初の資金がいくら必要なのかは、あなただけでなく誰もが気になるところです。事務所費、商品の製造や仕入れの代金、webサイトの制作費、広告など集客活動費、梱包資材の費用、送料などが大きな部分です。どんなビジネスでも〝元を取る〟という累積収支を黒字化するまでには、通常、2年間以上かかることが多いですが、ネット通販でも同様と考えていいでしょう。事業計画書や収支計画書を作って、資金繰り表も作れば、いつどれだけの現金が足りなくなるのかは明確に判明します。初期投資の金額と、運転資金は、単月の収支が黒字化するまでは非常に苦しい状況が続きます。そう考えると、一年分の支出の合計金額程度は初めに用意したいところです。

ただ、特別な人でない限り、資金に余力がない人の方が多いです。そこで、まとまった資金を調達しやすい制度が、金融機関や自治体、行政などが用意している**創業支援の融資制度**です。新規に法人設立をした創業者は、実績がありませんから、事業の実績を問われないことがありがたいメリットと言えます。返済不要の助成金の制度もありますが、助成金制度は、するべき内容が決められている、いわゆる〝紐付き〟です。また、立て替えなければいけません。助成金制度は、あなたの行動を制約する側面もあるので、

私は融資は受ける方がいいけれど、助成金の活用はあまりお勧めしていません。

創業支援融資は、金利が２％以下ということが多いですし、比較的、審査も厳しくなく、国家や自治体として、創業者の応援をしてくれている制度です。誰もが借りられる訳ではありませんが、ネット通販ビジネスを始めて、億稼ごうという時は新規に通販用の法人設立をして、この制度を活用することを検討してみてください。

## ▼ネットショップの最重要法律は、景品表示法。「嘘、つくな！」

法律を理解する時、いつも習慣にしてほしいのは、その法律の目的を知るところから始めることです。景品表示法は、正式には「不当景品類及び不当表示防止法（昭和37年法律第１３４号）」と称する法律で、目的は、一般消費者の保護です。消費者は、より良いモノを求めるのが常です。しかしながら、その際販売者など事業者から、実際よりも良く見せかける表示がされていたり、過大な景品付き販売を実施されると、消費者は惑わされて、適切な判断をしにくくなり、実際は良くない商品やサービスを買ってしまい、結果的に不利益を被ることがあり得ます。これを防ぐための法律が、景品表示法でネットショップだけでなく、リアル店舗であっても一般消費者向けの販売行為を行う事業者全員に関係している法律です。

広告の類いやwebサイト、商品パッケージ、パンフレットなどへの表記では、自社の商品の特徴を魅力的に打ち出し、他と差別化を図って、ターゲットに購入を促したいのですが、**行き過ぎた表現、根拠を示せない表現、過大な景品などで〝客を釣る〟ことは違法性につながるので、注意が必要です**。当局から求められれば、表示の裏付けとなる合理的な根拠データを2週間ほどで提出しなくてはなりませんし、2016年4月からは課徴金制度も景品表示法に導入されました。課徴金とは、刑事罰とは別に金銭的負担を違反者に求める制度で、分かりやすく表現すると罰金のようなもの。あるネット通販会社は、ECサイトとアフィリエイトサイトで、根拠なく〝痩せる〟とか〝美白効果がある〟と表示したこと、事実と相違した二重価格を案内したことを景表法で禁止している優良誤認、有利誤認と判断され、課徴金2229万円の支払いを命じられた例があります。課徴金は、違法な表示によって得た不当な売上金の3％を3年間遡って計算されます。燃費の不正表示をした三菱自動車には4億8507万円、青汁ダイエットのシエル社に1億886万円、その他オンラインゲームの会社や格安SIMの販売者にそれぞれ5千万円以上の課徴金が命じられています。

せっかく、それなりに頑張って売り上げ、一時的に儲けたとしても、違法行為は社会悪です。多額な課徴金の支払いと、違法業者だと取引先や消費者などからもレッテルが貼られることは、会社やショップ、あなた個人に対しても〝大きな痛手〟になることは間違いありません。景品表示法を理解して、正しいやり方で、あなたには億稼いで欲しいです。

## ▼医薬品医療機器法（薬機法）は、国民の生命と財産を守るためにある

この法律は、旧薬事法です。ネット通販で、ダイエット食品や化粧品、健康食品を販売しようとする起業家や経営者は多いのですが、守るべき法律の代表格の医薬品医療機器法をちゃんと理解しているネットショップのオーナー、広告担当者、それに制作会社や広告代理店と、私はほとんど出合ったことがありません。それほど、多くの人達がテキトーに、手探りな雰囲気で、この法律を運用しているというのが実態です。

**健康美容関連の商品を販売するネットショップのオーナーなら、この法律をきちんと理解して〝付き合う〟ことをお勧めします。**なぜなら、それがターゲットに不安を与えないで、自身の身も守りながら、ショップの売上げを作って、儲けていくことと密接に関係しているからです。

あなたが、この法律の〝関係者〟であれば、まず解説書やガイドラインなどではなく、この法律そのものの条文を〝読む〟ことから始めてください。法律でまず読む場所は、何の法律であっても、いつも「定義」「目的」からです。この法律の定義と、なぜこの法

律があるのかの目的を理解できれば、法律を所管している行政の担当者や、あなたの顧問弁護士とも、そこそこ〝話ができる〟レベルに達せます。

薬機法の趣旨は、誤解を恐れず、思いっきり大雑把に言えば、

**〝化粧品や食品は医薬品ではないのだから、医薬品の様な効能効果がナイ。そんな無責任なこと、標ぼうしちゃダメです。医薬品的な表現をしたら、未承認・無届けのニセ薬として取り締まります！〟**という感じ。なぜ、この法律があるかも言うと、〝本来、医薬品を服用していれば、また適切な医療行為を受けていれば、治癒できたり緩和したり、予防できていた心身の状態なのに、ニセ薬に惑わされて、それらの機会を奪われて、生命と財産に危機が訪れることがないように〟ということだと、私は一応の理解をしています。

このように薬機法を、一応理解していれば、本質的ではない安直な薬機法対策に時間を取られないで済みます。多くの人達が盛んに行っている薬機法対策とは、私に言わせれば〝言葉遊び〟のレベルです。「○○と言ったら薬機法違反なのですが、××とすれば大丈夫です」などというコンサルティングや講習があるのなら、これは浅はかです。そもそも薬機法違反ではなく、「46通知違反」か「医薬品等適正広告基準違反」と言う方が適切性はうんと高まりますし、恐らく行政や司法は、そんな単純なインスタント思考で法律の運用を解釈しません。個別の単語でなく、媒体〝全体から受ける印象〟で判断

するのでないかと、私は想定しています。

これは、薬機法でなく景表法でも同じなのですが、特に、その商品について初めて、商品名、商品パッケージやＬ・Ｐ、パンフレットなどを制作した時には、それぞれの法律を所管する担当部署にアポイントメントをとって、**事前の相談に足を運ぶ**ことをお勧めします。あなたの本社所在地の都道府県庁に、法律名を伝えれば、担当部署を案内してくれると思います。事前の相談に出向くメリットの第一は、担当部署や担当者と繋がれることです。そして、制作物において、直ちに違法な箇所、ガイドラインや厚労省や消費者庁などの通知から逸脱しているところがあれば、指導を受けられます。制作し直し、考え直しで、販売時期が遅れたり、コスト増になるかも知れませんが、これは実にラッキーで、喜ばしい出来事です。なぜなら、違法行為を犯さないで済んだからです。私は、東京都庁や厚生労働省、税関や食品検疫所などに何度も通っていますが、助かったこと、勉強になったことは〝数知れず〟です。法律や行政機関は、あなたやネットショップの〝敵〟では決してありません。勘違いをしているネットショップのオーナーは、いつも対決姿勢で、これらに臨んでいるのですが、そもそもの目的を理解していないのが、その原因です。

日本の法律や行政機関は、日本国のために作られたということは、間違いありませんから。

## ▼特定商取引法を知らないのは、論外。ネットショップの資格ナシ

「訪問販売等に関する法律」の新名称「特定商取引に関する法律」が現在の正式名称です。消費者を守るため、取引の公正性と消費者被害の防止を図るための法律です。

ネット通販は、商品を実際に手に取り、実物を目視で確認しないで購入してもらうためトラブルが発生しやすい取引形態です。ネット通販ショップは、消費者に信頼して取引してもらえれば、リピート注文してもらえたり、新たな顧客を紹介してもらえることにも繋がるので、取引においてトラブルが生じないよう、この法律をきちんと理解しておく必要があります。

ネット通販事業者が、適切な取引を消費者と行うためのポイントは3つです。

- **・事業者情報を明示しておく**
- **・誇大広告をしない**
- **・顧客の同意なく、購入申込みに誘導しない**

事業者情報の明示について、具体的には、

|  |
|---|
| 1. 事業者名 |
| 2. 所在地 |
| 3. 連絡先 |
| 4. 商品等の販売価格 |
| 5. 送料などの商品代金以外の付帯費用 |
| 6. 代金の支払時期 |
| 7. 代金の支払方法 |
| 8. 商品等の引き渡し時期 |
| 9. 返品の可否と条件 |

私は、ブログやSNSなどで時折、消費者に対して、違法性のあるネットショップに騙されないように、公式ホームページの会社概要やショッピングサイトの特定商取引法による表示を確認するように勧めています。住所や電話番号、代表者名や責任者名などは、億稼ぎたいなら省略せず、堂々と明示しておくべきです。連絡先や氏名をごまかしたり、隠したりしているようでは、ターゲットから信頼を得られません。消費者へきちんと情報を公開して、信用してもらうための法律が特定商取引法です。**特定商取引法を知らない、遵守していないのは、ネット通販ビジネスを消費者に対して行う資格がナイ**と私は、強く教えています。

## ▼対人2億円のPL保険に入っておく

「PL保険」て、知っていますか。今までに、製造業や輸入業をやっていたオーナーなら必ず知っているでしょう。

PLとは、product liabilityで、製造物責任のことです。PL法と略される製造物責任法という法律があります。このPL法で定められている内容は、製造者にとっては、厳しめです。それは「製造物に欠陥があり、その結果、人が死傷したり、モノ（第三者の財物）が損壊したりした場合には、製造業者に過失が無くても、責任を負わなければならない」ことになっています。つまり、商品の欠陥によって、人的及び物的損害を及ぼした場合、その補償をする義務があるということです。自社製造でなく、OEM製造であっても自社のオリジナル商品を製造販売しているなら、必ず**PL法に対応するためのPL保険**に加入しておいてはいかがでしょうか。

もし、あなたが販売する商品が、口の中に入れるもの（食品、サプリメント、医薬品など）や肌と接するもの（化粧品、医薬品、アパレル、アクセサリーなど）であれば、想定できるリスクの最悪は、人の生命に関わる死傷、また大きく人の外見に影響を与える傷害もある得ます。そんな時、補償額が億という単位になる恐れもあり得るでしょう。保険料は、商品ジャンルや売上高などから算定され、掛け捨てです。私の経験上多いケースは、年間保険料20万円で補償額2億円程度というのが大雑把な数字です。

この20万円は、ほとんど無駄になります。この無駄をどう解釈するかは、あなたの経営センスです。

# 第7章

# 今が
# スタート地点。
# 本書を読んだ
# だけでは、絶対に
# 成功しない！

# ルール7

# 結局、億越えする人は（正しい選択＋実践）×根気

## ▼現状認識は、ツライ。しかし、成功はここから始まる

あなたが僭越えしたいとか、その他に今は成していない目標や目指すゴールがあるなら、まず最初に徹底して行うことは、あなた全部の現状を把握することです。

あなた全部の現状を把握するとは、言い換えると「広い意味で、あなたの今の実力を、あなた自身で承知する」という作業を行うということです。それは、あなたの情熱の温度、善意の有無、強さ、知識量や習得技術の把握、あなたの性質の傾向、あなたの資金や健康状態についても知っておきます。

なぜなら、現状はスタート地点であなたが達成したい目標や獲得したい成果はゴールで、目標達成したりゴールに到達するとは、実は簡単なことだからです。

それは、目標と現状の〝差〟、このギャップを埋めさえすればいいのです。

あなたは、今から「ＪＲ東京駅八重洲口」を目指すとします。Google マップの経路検索を使うにしても、自分が持っている情報を活用して到達を目指すにしても、必ず〝現在地点〟や現在の状況を正確に把握していないなら、決して「ＪＲ東京駅八重洲口」にはたどり着けません。今、あなたはどこにいるのか？　所持金は？　健康状態は？　た

どり着くためには、現状認識はどこに向かうにしても不可欠です。現状と目標が明確でないと、目標達成するための手法や工程は明らかになりません。逆に、手法や工程さえ明確に見出せれば、成功まで7割終わっていると私は考えています。

私が、クライアントからコンサルティングを受託すると、一番時間をかけるのが、現状認識の作業です。現状認識はクライアントにとって、ツラく面倒くさい作業です。なぜなら、自分の至らなさ、不足加減、実力のなさ、テキトーさ、貧乏さ、人望のなさ等、ことごとく思い知らされるからです。後に、目標達成して成功する人の共通点に、自分の欠点を恥ずかしがりもせず話題にすることがあります。それは、現状を素直に受け入れて、意識は先を見ているからなせる業なのです。今を恥ずかしがって、隠したり、ごまかしたりしていては、目標達成するために不足している内容を素直に受け入れることができません。教わったり、学んだりできなければ、不足しているギャップを埋めることは到底無理です。億越えしたいという目標を達成できないということです。

**現状を素直に認めるところから、成功への旅は始まるのです。**

## ▼0・1%の「変化」にこだわれ！

変化とは、前進と後退であり、進化と退化です。着実に前進し、着実に進化して成長していく人は、神経質過ぎるほどにちょっとした変化にも敏感なものの、逆に、いつまで経ってもなかなか成長しないで、結果的に目標達成もできない人と言えば、20％の売上げ変動があったとしても、これに気が付かないほど鈍感なアンテナの持ち主です。

あなたは、いつも最大の努力をするべきです。限界まで頑張って、更にまだ粘る。そして、努力を重ねる必要があります。**小さな数字の進化を積み重ねるのが、実は〝最も楽をする方法〟**だと、私は知っています。例えば、前日よりも０・１％売上げを伸ばすことを死ぬまでやり続けると決意して、毎日実現していく。ちょっと、計算してみてください。最初１万円の売上げを毎日０・１％ずつ伸ばす、10年後にはいくらになっているでしょうか。¥３８４、０４６です。３８００％（38倍）以上になっています。私は、この数字を起業前から覚えていました。コツコツやるのが、一番楽だと証明していると私には感じたからです。０・１％くらいの進化なら、あなたもできそうだとは思いませんか。これが、ある時突然１５０％にしないといけない、２００％にしないといけないと思うと憂鬱になってしまうし、途方に暮れてしまうでしょう。変な情報商材に引っかかるのは、こんなタイミングです。（ただ、私は、売上げを2倍にする考え方も3倍にする論理も明らかにしていますが）

０・１％にこだわる人は、何千万円、何億円というスケールの金額のビジネスをしながらも、無駄使いは１００円でもしない人です。継続的な成功を獲得している人達は、仮に0・1%売上げ不振になった時には、その理由や原因が必ずあるはずだという理解をして、この答えを追究しています。この感度がビジネスで具体的に成功し、億稼ぐために必要なスキルという訳です。**変化に敏感であれ！**

## ▼自分に合う「勝ちパターン」を早く見つけた者が勝つ

本書で私が書いている〝成功法〟は、私が見出した一つの考え方とやり方に過ぎません。あなたにも合うかどうかは、分かりません。なぜなら、人それぞれ〝違い〟があるからです。

あなたの人生を今まで作ってきた環境と経験、それに現在の学力や教養、資金力、人脈だって、人それぞれ異なっています。もちろん、過去を悔やんでも仕方ありませんから、これからのことだけを考えてほしいです。〝今、あなたに有るモノ〟を活かして、前に進むのが良いでしょう。今の自分を最大限に活かす方法が、最もあなたにとって、心地よく楽な成功法になります。

一流と言われるプロ野球のピッチャーでも全員が大谷翔平選手のような160㎞／hの豪速球を目指す訳ではありません。それぞれ違います。中には、高校生並みの130㎞／hソコソコで〝勝っている〟投手もいます。ビジネスで言うと、みんなが立派な学歴を持っていたり、ファンドから投資を受けられたりする訳ではありません。私は、一人から数人程度の小さな会社が億稼いで勝つための思考法と戦略論について指導をしています。再現性がある、私が自信を持っている方法で8割のクライアントが成功しているやり方です。

あなたは、基本を身に付けた上で、よく考え、自分のやり方を見出し、実践して試す。もし思い通りの結果が得られなかったら、更によく考えて、次のやり方を試してみる。いわゆる〝ＰＤＣＡ〟や〝ＯＯＤＡ〟を高速回転で繰り返しながら、早く、自分にとって心地よくて、その上、欲しい成果を得られるあなただけの**〝勝ちパターン〟**を見つけてください。勝ちパターンが見つかれば、あなたは実に、〝楽〟です。自信満々で余裕のある毎日を過ごせるようになっているのは恐らく間違いないでしょう。

## ▼片手間では絶対成功しない

私の前著のタイトルで使ったフレーズが、「片手間では絶対成功しない」でした。この考えも、私は正しいと信じています。なぜなら、現実に、暇が出来たら取り組むという片手間の努力で、立派な成果を出したという人に、今までただの一人も出合ったことがないからです。

私の周囲の億稼いでいる友人たちは、例外なく、みんな必死です。ダラダラと過ごしている人は誰もいません。彼らは、毎日集客活動に勤しんでいますし、毎日次のための勉強に励んでいます。人脈作りや資金調達への準備にも余念がありません。物凄い切迫感や危機感を抱いています。ただ、その感情が他人には、容易には見えないように振舞っているだけなのです。

**三木谷浩史さん**は、「やっぱり気合いと根性は重要ですよ」。彼は起業家向けwebサイト「イチゾウ」のインタビューを受け、成功の絶対条件をこう示しています。さらに、**堀江貴文さん**は、マクドナルドを描いた映画「ファウンダー」に対するコメントをこう送っています。「とにかく根気が大事であるというのはまさに同意できる。全ての企業経営者に見てほしい名作」。さらに、**松下幸之助さん**も、次のような発言をされています。

「この世で根気ほど万能なものはない。才能は万能ではない。才能があっても思い通りの人生を送れない人は多くいる。学問も万能ではない。学歴があってもきちんとした仕事に就いていない人も多くいる。万事に通用するのは意志と根気である。」

私が、成功のためには **〝片手間ダメ！〟〝ど根性〟** が必要だと教えているのは、この意思と根気が万事に重要だと言いたいからなのです。

世の中には、今もなお、〝片手間で〟〝楽々に〟〝資金ゼロでも〟というキャッチーなタイトルのビジネス書やセミナー、情報商材があるようですが、これらへの解釈と対応には十分に気を付けてください。近道だと思って手を出したら、結局は遠回りになってしまったなんて話は、山ほど耳に入ってきています。だから、私は大半はいい加減なものだと疑っているのが本当のところなのです。

## 思い込みで「戦略」を決めてはいけない

〝思い込み〟は、あなたにとって厄介者である場合があります。あなたを回り道させて、ストレスを与え、コスト高を引き起こして、あなたが目標達成をして億越えするのを邪魔をすることもあります。思い込みとは、何かをそう信じ切ってしまっている状態です。思い込みのうち、良い思い込みはあなたの思考や行動を効率化します。

ネット市場における思い込みの代表例に〝高齢者は、ネットを使わない〟というものがあります。あなたは、これが単なる思い込みであって、事実はどうなのかを知っていますか。ググれば、すぐに判明します。「自分が想っている事は、本当に正しいのか」と〝意識〟を働かせ、とりあえずググってみるという習慣を持っているだけで、あなたを軌道修正してくれる可能性を産みます。

先ほどの高齢者のネット利用実態についてなら、２０１６年総務省による「通信利用動向調査」から、ネット利用率は60代で76・6％、70代53・5％、80代20・2％とスグに判明します。この数字を確認しないまま、高齢者はネットなんて使わないから、シニア層はネット通販のターゲットにはならないと決めつけている中小企業の経営者は、とても多いようです。実際に、私はこう思い込んでいる経営者と何十人も出会ってきました。他にも、事実の確認をしないまま、色々な思い込みをしている制作会社やネット通販ショップの従業員は本当に多いものです。シニア女性は、派手なものを〝みんな〟好まないとか、ネット通販での世代別購入単価は若年層ほど高いというのも、単なる思い込みに過ぎず、事実と異なっています。

あなたが、同じ環境に長く居続けて、同じような価値観の人達とだけで、長く付き合っていると、知らず知らずのうちに、確認したり、疑ったり、議論したりする機会を失くしているかも知れません。私はしばしば、自分が知っていると〝思い込んでいる事〟をググってみるようにしています。そう立ち止まる習慣は、自分の世界観を訂正してくれたり、時流に遅れを取らないようにアップデートしてくれています。

**思い込みは、コスト高、閉店や倒産、人間関係の悪化、ストレス増など色んなマイナスを引き起こす厄介なもの**です。自分は〝思い込み〟をしているかも知れないと疑う余裕を意識的に抱くようにしてみてはいかがでしょうか。

## 失敗者のゴールは1年後、成功者のゴールは3年後

あなたに質問します。

**「あなたは3年後に何かを得るために、今やっていることはありますか？」**

私はありますし、成功している友人と話していると、やはり3年後のビジョンのために、今を生きている人ばかりです。もちろん、私達は3年後のことばかり考えているのではなく、今や目先のことも同時に考え、対策をしています。成功する人は物事を短期的に考えず、ある程度の期間（例えば3年毎）という視野を持って、着実にその時欲しい成果を獲得しています。

一方、結果的にいつも欲しい成果を得られない人ほど、短期的かつ近視眼的に結果を欲しがって、地に足を付けた積み重ねる努力をしていません。表面的なテクニックに溺れてばかりいるので、いつもいつもパッとしない感じになっていまっています。今流行っている商品を販売したくなる、それを用意している間にブームが終わる。こんな類いを繰り返していて、何の専門店でもないショップ、得意な事が全然なくて、何の専門家にもなっていない、ずーっと満足感がなく、余裕もなくて、銀行借り入れはなかなか減らず、身内からの借金はどんどん増える。こういう悪循環から抜け出す方法は、一つです。長期的展望に立つこと。「自分は、どんなことをもたらして、誰の役に立ちたいの

か。それはどんな商品を使ってもらうことによってもたらすことができるのか」、これを自分の今までの人生全体からよーく考えて確立することから始めます。これが、あなたのネットショップのコンセプトです。コンセプトを決めたら、3年計画で臨みます。

あなたの人生、もうそろそろ何かの専門家として、顧客や家族から敬意を抱かれる存在になってみませんか。あなたの為に働いてくれる人、骨を折ってくれる人を育ててみてはいかがでしょうか。

## ▼自分のコントロールが効く範囲で勝負するのが賢い

**結果に強く関与できるビジネスモデルを作りましょう。**あなたのビジネスは、あなたの影響力を大きくしておくべきです。もう少し分かりやすく表現すると、できるだけ他者を排除するよう心掛けるということです。あなたが、欲しい結論を導くのに、他者の影響力をなるべく少なくしておくべきです。私は、いつもクライアントに「自分がコントロールできる事に、お金と時間をより割くように」指導しています。それは、あなたが頑張れば頑張っただけ、あなたにとって良い結果を出せる事に注力しておくということです。

自分がコントロールできない代表例は、大雑把に言えば〝他人〟です。他人を動かすのには、その当事者の意思が強く関与します。自分のネット通販ビジネスに、自分の考えを反映できない割合を減らしておくことは、継続的な成功を獲得するのに肝要です。

商品の製造は職人任せ、いつ出来上がるのか、どれくらいの数量が納品されるのかが分からないようでは、販売計画も売上げ計画も立てられません。集客や資金調達を代行会社に丸投げにするのもＮＧです。

誤解しないで欲しいのは、全ての工程を自社で内製化すべきと言っているのでは決してありません。外部委託や専門家に何かを依頼するのは、合理的かつ自社で取り組むよりも良い成果を得られる可能性もありますから、積極的に行っても問題ありません。

ただし、大切なのはいくら他者に委託するからと言っても、〝監督〟としてのディレクションや管理は、あなたが行い、欲しい結果を確実に得られるよう、委託先のコントロールはするべきです。アフィリエイトや転売、せどりという手法で大きく、継続的に稼げない大きな要因は、自分でコントロールする部分が少ないからです。手数料率、仕入れ、ムーブメント、全てにおいてあなたはコントロールできません。

もちろん、あなたや私は大資本家ではありませんから、ビジネスの全てを自分のコントロール下には置けません。サーバー、ショッピングモール、配送、決済など、これらについては他人が作って運営している仕組みの傘下に私達が入ることは間違いありません。ただ、できる限りリスクヘッジをするためにも、自分でコントロールできる範囲を広げておくのです。自分でコントロールできる範囲が広がれば広がるほど、ストレスも減り、頑張り甲斐も断然増えます。

Amazonにアカウントを停止された、またアメブロにブログを削除されて、収入が途絶えたという話が入ってきます。なぜ、自社サイトを作っておかなかったのか、なぜ自社オリジナル商品で勝負しなかったのか、なぜ自分で集客しなかったのかと悔やまないためにも、自分でコントロールできる範囲を広げて、リスクを負った分だけ、自分が報われる仕組みでネット通販ビジネスを行うべきではないでしょうか。

## ▼長続きするための、ち密なテキトー精神

月並みですが、私も「継続は力なり」と実感しています。世間から信用を得たり敬意を抱かれてブランドになり、売上げを得ることは、ある意味では割と簡単です。それは、当たり前の事を続けるだけです。当たり前の事を継続しているだけで「他人はすごい人だ」とか「気持ちがいいショップだ」と評価してくれます。例えば、ブログを毎日更新する、在庫を切らさない、約束したお届け日時を守る、こういう一見大したことない事を続ける。これが重要で大切です。当たり前の事を継続できない場面は、トラブルが発生した時、通常とは違う非常時にやって来ますが、普段から〝いつかはそういう時は来

るはず〟と心得ておいて、通常時の〝マスト〟をあらかじめテキトー精神で減らしておくと、トラブルが起きても、いつもと同じを継続できる確率を高められます。

## 完璧主義はやめましょう。

何をやっても続いていない、ことごとく目標達成しない人に限って、何かに着手する時、重箱の隅を楊枝でほじくるように、細かくマストを設定しているとは思いませんか。そして、こういう人達は三日坊主が定番で続きません。死守するべき最小限をマストとしていれば、非常時にも継続できる可能性を高めます。

私は、２０１１年からブログを一日も休まず更新しています。この事実を知った人の１００人中１００人が「スゴイ！」「実行力の人だ」と褒めてくれます。なぜ、私がこんなにも続けられているのかを、恥ずかしいですが披露します。それは、「テキトー精神」で臨んでいるからです。ブログ運営の目的は、集客とブランディングですが、どないい加減なルールで書いているかと言うと、欲ばりは全くありません。毎日、ネット通販ノウハウについて、とりあえず、「一つ記事書く」、これだけを自分ルールにしています。クオリティーには、こだわらないと決めています。

私のところには、しょっちゅうブログ集客についてアドバイスを求めるメッセージが届きます。そういう勉強会をたまに開催しているのですが、私がこう言っても、取り上げるトピックの選択に関する事、掲載する画像の処理基準、文章構成のポイントはどうかなどと本当に細かく、生真面目な、質問があります。ただ、結果はどうかというと、

87％の人が書き始めて早々、二日目か三日目くらいの時点で、もうブログを書いていません。なぜ、続かなくなるか。それは、欲張りだからです。子細にこだわり過ぎて、すぐに壁に行き詰まり、取り組みが止まってしまうんです。コンテンツマーケティングにおいて、オンライン上にどれだけの数量のコンテンツがあるかは、とても重要で、威力を発揮しますから、まずは「クオリティーは無視」とテキトー精神になれなかった人達です。

億稼ごうと想うと、やるべき事が多様になります。それら全てに完璧に対応するのは100％無理と認識して、押さえるべきをおさえる、あとは仕方ないからいい加減でいいというテキトー精神を確立することをお勧めします。あなたにとって、どーでもいい事を見極めてください。私は、**ルーティンを淡々と続けることが大切だ**と考えています。

## ▼ビジネスに満点の答案はない

絶対不変の満点の答案を用意できるのは、恐らく確固とした定義があるものに対してだけで、ビジネスだけではなく、自然現象についてはもちろん、社会現象についてだって、満点の答えを用意することは不可能でしょう。

億越えしたい、ネット通販ビジネスで成功したいという時、目標達成をした成功者の人数と同じ数だけ成功するための正解があります。ただし、それらの答えは、その本人にとっての答えで、全員にとっての模範解答ではありません。あなたにとっての正解は、あなたが自分で探すしかありません。

集客できた広告、コンバージョン率が高かったＬ・Ｐ、テレビ局側にウケた企画、レビューを予想以上に書き込んでもらえた商品、資金調達がうまくいった事業計画書、こういうのは全て結果です。経験を重ねて、うまくできた共通項を見つけていく、失敗した時のダメ出しや反省よりも、うまくいった時に「なぜ、うまくいったのか？」を考えて分析し、体系化して再現を試みる人達が結果的には、億稼げています。

正解と確信して実行したのに、期待した通りの売上げや成果が出ないなんて事態は、ごく普通の出来事です。そんな時も、他人のせいにせず、また自分を責め過ぎず、次に繋げるヒントを見つけ出す。ＳＮＳで毒付いたり、取引先や部下、家族や恋人を相手に悪い酒を飲んでも全く無意味です。**ビジネスは「人の心」を対象にしています。**身近な人を思いやる、相手を喜ばせる、ニーズを推察する、そういう日常生活を送りながら、ターゲットに寄り添うことに慣れ親しみ、１００点満点は取れないものの、平均して80点を取れれば、あなたはかなりイイところまで来ていると想います。

## ▼ピンチの時に「知恵」を産み出せると、楽々、億稼げる体質になっている！

成功するために、あなたに必要な要素は、次の通りです。

**「情熱」「善意」「知識」「技術」「資金」「健康」。**

これらの6つはあなたの意識や関心、努力やトレーニング、働きかけによって、十分に準備を整えられます。情熱は、やる気です。善意とは、他者の未来を切り開くお手伝い、知識と技術はと言うとネット通販マーケティングを実際に運用するための専門知識やテクニックのこと、資金は設立時の資金と運転資金です。健康とは、言わずと知れた目標に向けて取り組む全ての礎となる身体エネルギーの部分です。一見すると、これら6つの要素だけで、あなたは目標達成を成し遂げ、億稼いでいけるように想えますが、人生はそれほどスムーズではありません。あなたに何かしらの〝ピンチ〟、予想外のモチベーションの低下、災害、取引先の倒産、資金ショート、疾病、色んな事態が起きる可能性があります。そんな時、あなたを助けてくれるのが、あなた自身の「知恵」です。知恵は、知識とは別物です。知識の多い人は、たくさんいますが、どうやら知恵がある人は、たくさんはいません。

「広辞苑」で調べると、知識と知恵は次の通り説明されています。

知識＝ある事項について知っていること。また、その内容。

知恵＝物事の理を悟り、適切に処理する能力。

私なりに解釈すると、知識にさらに知識が重なって、その上で経験を積み重ねる。そうしていると、物事や世の中の流れや繋がり、奥行きのようなものを感じられるようになっています。知恵は、複数の知識と経験がくっついたり、溶けたり、絡み合ったりなどして出来上がった変型バージョン。特に、**非常時や困った時に、お決まりの知識では役に立たず、そういう時には知恵が必要**になります。知恵は、「知識×経験×洞察力」で産み出されますから、あなたが知恵のある人になるためには、勉強して、動き、そして思考することを習慣とすることからです。


あなたがこれまで「あの人、頭いいな、賢いな」と感じた相手は、きっと知識だけが豊富な人ではなくて、知恵が湧いてくる人ではなかったでしょうか。知識豊富な貧乏でストレスフルな人は大勢いますが、知恵がある人は、億万長者かどうかともかく、少なくとも貧乏感を抱いている人は少なくて、人生を愉しんでいる人が多いように私の周囲を見ていて判断できます。知恵がある人に貧乏意識が少ないのは、自分軸を立て、余裕を持って生きているからです。

# ７つのルール まとめ

**ルール1**

弱者でも、人生逆転できるのがネット通販というビジネスモデル。
成功するためには、いい「流れ」に乗ってみること

**ルール2**

あなたも、本気であれば「億越えの仲間入り」ができる！
ただし、それは魂からの本当の本気であって、
とりあえず取り繕ったニセモノの本気のことではない

**ルール3**

成功する人と失敗する人、最大の違いはマインド！
マインドさえ整えば、
ノウハウやナレッジの習得スピードは、どんどん加速する

**ルール4**

億稼ぐ人は、常に「目的主義」でお金と時間を使っている

**ルール5**

勝つために、まずやるべきは、ルールと全体像を理解すること

**ルール6**

会計と法律を知らないで成功を持続させられる
ネットショップオーナーはいない！

**ルール7**

結局、億越えする人は（正しい選択+実践）×根気

## あとがき

私は過日、人生初めてのインフルエンザに罹りました。1週間以上も発熱を繰り返し、結果的に2週間以上も病床でふせっていました。その時にある二つの認識をそれまでよりも本当に、ホントーに、かなり強めました。

一つは、収入の減退を考えないで2週間以上も寝込めたことに、我ながら感心しました。それは、私はコンサルタント業が主なビジネスなのですが、収入源を複数用意していたり、ありがたいことにスケジュールも自分で調整できる立場《ポジション》を作っていたため、運よく、寝込んでいた期間はちょうど勉強するようにコンサル予定を一切組んでいなくて、一人のクライアントとの予定もリスケすることなく、体調回復に専念することができました。自分の時間を自分だけでコントロールできるのは、とても自由な状態だと感謝しました。

もう一つは、とてもたくさんの〝夢〟を見ましたが、記憶に残っている限り、その全部が、ネット通販コンサルとしての夢でした。私は、夢を見ながら自分の人生においての〝役割〟を確信しました。

**私の人生における〝役〟は、「お金と精神の不安に困っている中小企業のオーナー経営者を救う人」であり、この解決のサポートが私のミッション（与えられた任務）だということを改めて自覚しました。**だから、これからも勉強と経験を毎日積み重ねつつ、クライアントに寄り添っていきます。

お金と精神の不安を助ける手法として、私がご提案させていただくのが「ネット通販ビジネスへの新規参入」はどうか、ということで、私はネット通販ビジネスほどに中小企業のオーナーが〝人生、一発逆転可能〟な手法はないのではないかと考えています。

ネット通販以外で、3年後に3億円の売上げを創れるビジネスはないでしょう。また、ネット通販の場合、最初はたった一人でスタートしてもOKですし、東京でなく地方でも問題ありませんし、自宅で始められてもかまいません。私がお手伝いを得意としている分野は、食品、化粧品、ダイエット、医薬品などの分野です。私や私の前著と出会った後に新たにネット通販ビジネスに参入された人は、中小企業のオーナー経営者、上場企業、会社員、農家、メーカー、医師、輸入販売商社、投資家、弁護士、税理士、社労士、化粧品販売店、酒や、スポーツインストラクター、芸能人など様々です。

様々な人達が続々と参入していると言っても、楽々成功しやすいかと言うと、全くそんなことはありません。他のどのビジネスとも同じように絶え間のないモチベーションや根気、つまり〝ど根性〟と〝健康〟だけは大前提として必要です。知識がなければ勉強もしなくてはいけませんし、お金が足りなければ資金調達もするべきです。空いた時間に取り掛かってみるという片手間では、120パーセント成功しないことを私は保証します。

**これからは、自分の看板の下で「時は命」と心に刻んで、一生懸命に、自分の夢や目標を成し遂げませんか。**

中小企業のオーナーで、お金と精神に不安を感じている人のお役に立つためのキッカケとして、本書の執筆をさせていただきました。

私が考える作戦はこうです。

まずは、お金の不安をなくしてもらう。つまり、ネット通販ビジネスで成功してお金持ちになってもらいます。

そうすれば、精神的な不安は和らいで、余裕が出て、あなたは周囲の色んな人に優しくなっています。今以上に、「いい人」になっています。

こういう進み方の作戦です。

私がこの青写真を描いた理由は、私自身が歩んだ道だからです。儲かっていなかった起業当初、私は今よりも遥かに皆に優しくありませんでした。

あなたにも、まずマインドや体調を整えてもらい、会計や法律も理解して、ビジネスを会得してもらう。そして、**お金持ちになってもらって、今よりも、もっといい人になってもらいます。**

**ビジネスはもちろん、人生も実に不確実なものです。**

**頑張れば絶対に欲しいモノ全てがゲットできるかは、分かりません。**

**しかし頑張れば、その可能性は確実に拡げられます。**

**「一か八か」気合と根性、頑張りませんか？**

本書をお読みくださり、著者の私に興味を持たれた方は、ご連絡ください。Facebookに実名登録をしています。

最後に、本書の執筆にあたり、ご縁を繋いでくださった潮凪洋介さん、大上達生さんに御礼申し上げます。また、ご指導を賜りました自由国民社取締役編集局長の竹内尚志様をはじめ、関係各位のみなさまに重ねて御礼を申し上げます。

令和元年7月吉日

杉本幸雄

# 杉本 幸雄（すぎもと・ゆきお）

・ネット通販コンサルタント（ネット通販の魔術師G．K 社長）
・売上げ及び生産性向上のためのコミュニケーション能力研修講師
・「億男塾」主宰

昭和44年1月生まれ、明治大学農学部出身。

通販にたずさわって、25年間以上。業界不問で「お金と精神の不安」を抱えている中小企業のオーナー経営者に対して、これらの不安解消のソリューションとしてネット通販ビジネスへの新規参入を促している。クライアントとは、3年後3億円の売上げ加算を目標に、〝共に、頑張り〟、これまで110億円以上の実績を創ってきた。

得意ジャンルは、薬機法に関わる医薬品、化粧品、ダイエット、食品、ワインなどと、そしてスピリチュアルも。

成功を引き寄せるキーワードは、根気強くの「ど根性」、目的第一主義の「片手間ダメ！」。

著書は、『ど根性で110億円売った魔術師が教える　片手間では絶対成功しないネット通販』（金園社）と、電子版『片手間では絶対成功しないネット通販』（すばる舎）がある。

ライフワークは、18時以降は働かないと決めて野球観戦を年間100試合以上と、インドカレー週3食以上。

ぜひ
**【ネット通販の魔術師】**と、検索してみてください。

Special Thanks to:
企画プロデュース　潮凪 洋介

# 億稼《おくかせ》ぐネット通販《つうはん》の教科書《きょうかしょ》

二〇一九年(令和元年)九月八日　初版第一刷発行

著　者　杉本 幸雄
発行者　伊藤 滋
発行所　株式会社自由国民社
東京都豊島区高田三―一〇―一一　〒一七一―〇〇三三
電話〇三―六二三三―〇七八一（代表）
造　本　JK
印刷所　大日本印刷株式会社
製本所　新風製本株式会社